Langenscheidt Grundschulwörterbuch

Langenscheidt

München · Wien

Liebe Schülerin, lieber Schüler,

in diesem Wörterbuch findest du 1100 Wörter in der französischen Sprache. In großen Wörterbüchern für Erwachsene gibt es ungefähr 160.000 Wörter. Da sind dann aber auch eher seltene Wörter wie „le moufle four" dabei. Das heißt „Muffelofen" und ist nichts für Wärmemuffel.

Wie viele Wörter braucht man eigentlich? Man kann sich im Alltag mit ca.

500 Wörtern unterhalten. Mit etwa 1400 Wörtern kann man Texte lesen.

Dieses erste Wörterbuch hilft dir dabei, in die neue Sprache zu starten und viel Freude daran zu haben.

Wir haben uns überlegt, dass dafür zwei Dinge wichtig sind: Du sollst das Wörterbuch selbstständig benutzen können, und es soll dir Spaß machen.

Spaß machen Wörterbücher, wenn sie viele lustige Bilder haben. Das haben uns Schülerinnen und Schüler in deinem Alter gesagt. Bilder helfen dabei, sich das Wort zu merken. Man denkt an das Bild und erinnert sich an das Wort. Wir haben Wörter ausgesucht, die für Kinder wichtig sind. Dafür stellen wir zwei Kinder, ihre Familien und Freunde in den Mittelpunkt.

Damit du das Wörterbuch selbstständig nutzen kannst, haben wir alle Wörter in eine alphabetische Reihenfolge gebracht. Wörter mit einem „se" davor haben wir nicht unter dem Buchstaben „S" eingeordnet, sondern unter dem Buchstaben, mit dem diese Wörter anfangen. Wenn man nicht erkennt, ob der Artikel ein „le" oder ein „la" ist, haben wir hinter das Wort ein „(m)" für den männlichen Artikel „le" oder ein „(f)" für den femininen Artikel „la" gestellt.

Auf den Seiten 114 bis 151 findest du Bildseiten zu bestimmten Themen. Auch hier haben wir überlegt, welche Themen für dich wichtig sind.

Ganz hinten, auf den Seiten 152 bis 159, findest du alle Wörter in umgekehrter Sprachreihenfolge, zuerst das deutsche Wort und dann das französische Wort.

Es ist hilfreich, wenn man ein neues Wort nicht nur lesen kann, sondern es auch hört. Dabei hilft dir der TING-Stift, denn er macht die Wörter hörbar. Tipp mit ihm die Bilder und die Schrift an, dann hörst du die Wörter und Sätze auf Französisch und auf Deutsch. Probiere es am besten selbst aus, indem du mit jemandem in der neuen Sprache sprichst. Zur Unterstützung gibt es auf den Themenseiten Spiele für den TING-Stift. Hier kannst du die Sprache anwenden. Tipp einfach auf die Symbole am unteren Bildrand und schon geht's los:

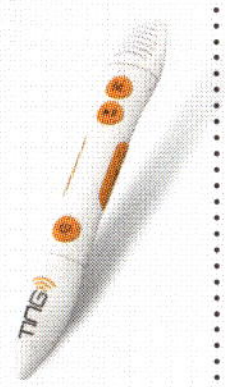

 Spielstart

 Spielanleitung

 Spielende

Du wirst staunen, wie viele Wörter du schon kennst, wenn du sie im Wörterbuch gehört und selbst gesprochen hast. Wir wünschen dir viel Spaß.

Gila Hoppenstedt und das Kids-Team des Langenscheidt Verlags

Langenscheidt
Online-Wörterbuch

Unser Service für dich: Nutze kostenlos das Langenscheidt Online-Wörterbuch. Dort findest du alle Begriffe aus diesem Buch zum Anhören.
Registriere dich bitte einfach unter http://woerterbuch.langenscheidt.de
mit dem Code: gswfr
Die Registrierung ist möglich bis einschließlich 30.04.2017.
Ab Registrierung erhältst du drei Jahre kostenlos Zugriff auf die Online-Version.

A
H
10

à
an, bei, zu

Le taxi est à la gare.
Das Taxi ist am Bahnhof.

à bientôt
bis bald

Je dois partir ! À bientôt !
Ich muss gehen! Bis bald!

à côté (de)
neben

Sam est assis à côté du canapé.
Sam sitzt neben dem Sofa.

à droite
rechts

La pancarte indique à droite.
Das Schild zeigt nach rechts.

à gauche
links

La pancarte indique à gauche.
Das Schild zeigt nach links.

à la maison
zu Hause

J'ai beaucoup de livres à la maison.
Ich habe zu Hause viele Bücher.

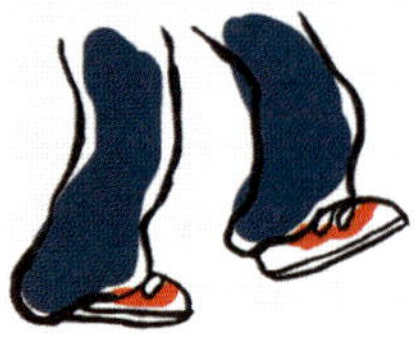

à pied
zu Fuß

Je vais à l'école à pied.
Ich gehe zu Fuß zur Schule.

à rayures
gestreift

Où sont mes chaussettes à rayures ?
Wo sind meine gestreiften Socken?

l'abeille (f)
die Biene

L'abeille boit du nectar dans la fleur.
Die Biene trinkt Nektar aus der Blüte.

aboyer
bellen

Sam aboie après les poules.
Sam bellt die Hühner an.

l'accident (m)
der Unfall

Il y a eu un accident au carrefour.
An der Kreuzung ist ein Unfall passiert.

accrocher
hängen

On accroche beaucoup de boules sur le sapin de Noël.
Wir hängen viele Kugeln an den Weihnachtsbaum.

acheter
kaufen

Mamie achète des tomates.
Oma kauft Tomaten.

acide
sauer

Les citrons ont un goût acide.
Die Zitronen schmecken sauer.

l'acteur (m), l'actrice (f)
der Schauspieler, die Schauspielerin

L'actrice joue une reine.
Die Schauspielerin spielt eine Königin.

adorer
mögen, lieben

Sam adore les saucisses.
Sam liebt Würstchen.

l'adresse (f)
die Adresse

Est-ce que c'est ton adresse ?
Ist das deine Adresse?

l'affiche (f)
das Plakat

L'affiche est devant le cinéma.
Das Plakat hängt vor dem Kino.

l'agneau (m)
das Lamm

Le mouton a deux agneaux.
Das Schaf hat zwei Lämmer.

aider
helfen

Lisa aide papa à faire la cuisine.
Lisa hilft Papa beim Kochen.

Aïe !
Autsch!

Aïe ! Je suis tombé sur les fesses.
Autsch! Ich bin auf den Hintern gefallen.

aimer
lieben

Mia aime son chaton Kitty.
Mia liebt ihr Kätzchen Kitty.

les aliments pour chiens
das Hundefutter

Sam mange les aliments pour chiens dans son écuelle.
Sam frisst Hundefutter aus seinem Napf.

l'Allemagne (f)
Deutschland

Je suis né(e) en Allemagne.
Ich bin in Deutschland geboren.

allemand (m)
Deutsch

Je parle allemand.
Ich spreche Deutsch.

aller
gehen

On va au cinéma ?
Wollen wir ins Kino gehen?

aller
werden

Nous allons bien nous amuser à la piscine.
Wir werden viel Spaß im Schwimmbad haben.

aller en vacances
in Urlaub fahren

Nous allons en vacances au bord de la mer.
Wir fahren im Urlaub ans Meer.

l'alphabet (m)
das Alphabet

Tim connaît déjà son alphabet.
Tim kennt schon das Alphabet.

l'ambulance (f)
der Krankenwagen

L'ambulance tourne au coin de la rue.
Der Krankenwagen fährt um die Ecke.

l'ami (m), l'amie (f)
der Freund, die Freundin

Susie est la meilleure amie de Lisa.
Susie ist Lisas beste Freundin.

s'amuser
Spaß haben

Tim s'amuse bien dans l'eau.
Tim hat viel Spaß im Wasser.

l'an (m)
das Jahr

Un an a douze mois. – Tim a cinq ans.
Ein Jahr hat 12 Monate. – Tim ist fünf Jahre alt.

l'ananas (m)
die Ananas

Combien coûte un ananas ?
Was kostet eine Ananas?

l'âne (m)
der Esel

Un âne est plus petit qu'un cheval.
Ein Esel ist kleiner als ein Pferd.

l'ange (m)
der Engel

Un ange est accroché au sapin de Noël.
Am Weihnachtsbaum hängt ein Engel.

l'anglais (m)
Englisch

J'apprends l'anglais depuis trois ans à l'école.
Ich lerne seit drei Jahren Englisch in der Schule.

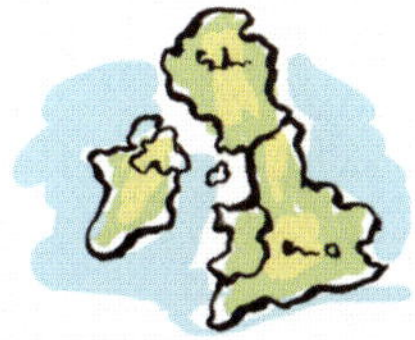

l'Angleterre (f)
England

Tu as déjà été en Angleterre ?
Warst du schon mal in England?

l'animal (m)
das Tier

Au zoo, il y a beaucoup d'animaux.
Im Zoo sind viele Tiere.

l'animalerie (f)
die Tierhandlung

Dans une animalerie, on peut acheter des animaux.
In einer Tierhandlung kann man Tiere kaufen.

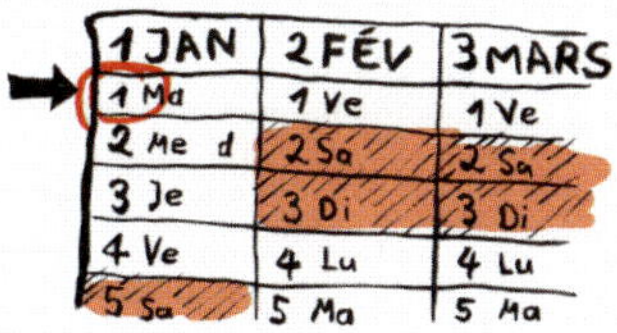

l'année (f)
das Jahr

L'année commence le 1er janvier.
Das Jahr beginnt am 1. Januar.

l'anniversaire (m)
der Geburtstag

Aujourd'hui, c'est l'anniversaire de Henri. Bon anniversaire !
Henri hat heute Geburtstag. Herzlichen Glückwunsch zum Geburtstag!

août
der August

En août, il fait chaud.
Im August wird es heiß.

l'appareil photo (m)
der Fotoapparat

Maman aime son vieil appareil photo.
Mama liebt ihren alten Fotoapparat.

l'appartement (m)
die Wohnung

L'appartement est à louer.
Die Wohnung ist zu vermieten.

s'appeler
heißen

L'ami de tante Lilly s'appelle Carl.
Tante Lillys Freund heißt Carl.

apprendre
lernen

J'apprends l'anglais à l'école.
Ich lerne Englisch in der Schule.

appuyer
drücken

Tu dois appuyer sur le bouton rouge.
Du musst auf den roten Knopf drücken.

A

après
nach

Après l'école, je fais mes devoirs.
Nach der Schule mache ich meine Hausaufgaben.

l'après-midi (m)
der Nachmittag

L'après-midi, Lisa fait ses dévoirs.
Am Nachmittag macht Lisa Hausaufgaben.

l'aquarium (m)
das Aquarium

Des poissons nagent dans l'aquarium.
Im Aquarium schwimmen Fische.

l'araignée (f)
die Spinne

Maman a peur des araignées.
Mama hat Angst vor Spinnen.

l'arbre (m)
der Baum

Dans le jardin, il y a un grand et vieil arbre.
Im Garten steht ein großer alter Baum.

l'arc-en-ciel (m)
der Regenbogen

L'arc-en-ciel scintille en beaucoup de couleurs.
Der Regenbogen schimmert in vielen Farben.

l'argent
das Geld

L'argent est dans le porte-monnaie.
Das Geld ist im Geldbeutel.

argenté, argentée
silbern

Lisa aime les boules argentées.
Lisa mag die silbernen Kugeln.

l'armoire (f)
der Kleiderschrank

Qui est-ce qui s'est caché dans l'armoire ?
Wer hat sich im Kleiderschrank versteckt?

l'arrêt de bus (m)
die Bushaltestelle

Le bus s'arrête à l'arrêt de bus.
Der Bus hält an der Bushaltestelle.

arrêter
anhalten

Le policier arrête la voiture.
Der Polizist hält das Auto an.

l'art (m)
die Kunst

Mia s'intéresse à l'art.
Mia interessiert sich für Kunst.

s'asseoir
sich setzen

Vous pouvez vous asseoir !
Ihr könnt euch setzen!

l'assiette (f)
der Teller

Sur la table, il y a quatre assiettes.
Auf dem Tisch stehen vier Teller.

attaquer
angreifen

Les pirates attaquent un bateau.
Die Piraten greifen ein Schiff an.

attendre
warten

Les enfants attendent le bus.
Die Kinder warten auf den Bus.

attention
die Vorsicht

Attention ! Une voiture arrive !
Vorsicht! Da kommt ein Auto!

attraper
fangen

Le gardien de but attrape le ballon.
Der Torwart fängt den Ball.

au coin (de)
an der Ecke (von)

Il y a un kiosque au coin de la rue.
An der Straßenecke gibt es einen Kiosk.

au milieu (de)
in der Mitte, mitten auf

Le cycliste roule au milieu de la rue.
Der Fahrradfahrer fährt mitten auf der Straße.

au revoir
auf Wiedersehen

Au revoir, les enfants !
Auf Wiedersehen, Kinder!

au-dessus (de)
über

Il y a une araignée au-dessus de ta tête !
Da ist eine Spinne über deinem Kopf!

aujourd'hui
heute

Qu'est-ce qu'on fait aujourd'hui ?
Was machen wir heute?

aussi
auch

Pour mon anniversaire, j'ai aussi eu un livre.
Zum Geburtstag habe ich auch ein Buch geschenkt bekommen.

A

l'automne (m)
der Herbst

À l'automne, les feuilles tombent des arbres.
Im Herbst fallen die Blätter von den Bäumen.

autre
andere, anderer, anderes

Est-ce que tu voudrais manger quelque chose d'autre ?
Möchtest du etwas anderes essen?

avant
vor

Normalement, je fais mes devoirs avant le dîner.
Normalerweise mache ich meine Hausaufgaben vor dem Abendessen.

avec
mit

Tante Lilly va au cinéma avec Carl.
Tante Lilly geht mit Carl ins Kino.

l'avion (m)
das Flugzeug

L'avion a t-il atterri ?
Ist das Flugzeug gelandet?

avoir
haben

Papi a une vieille longue-vue.
Opa hat ein altes Fernrohr.

avoir besoin de
brauchen

J'ai besoin d'une nouvelle boîte de peinture !
Ich brauche einen neuen Tuschkasten!

avoir faim
hungrig sein

Le bébé pleure parce qu'il a faim.
Das Baby schreit, weil es hungrig ist.

avoir froid
frieren

Je mets un pullover parce que j'ai froid.
Ich ziehe einen Pullover an, weil ich friere.

avoir peur (de)
Angst haben (vor), erschrecken (vor)

La souris n'a pas peur du chat.
Die Maus hat keine Angst vor der Katze.

avoir soif
durstig sein

Sam a soif parce qu'il fait si chaud.
Sam ist durstig, weil es so heiß ist.

avril
der April

Le 1er avril, nous faisons des poissons d'avril.
Am 1. April machen wir Aprilscherze.

B

la baguette
das Baguette

Je voudrais trois baguettes, s'il vous plaît.
Ich hätte bitte gerne drei Baguettes.

se baigner
baden

L'hippopotame aime se baigner.
Das Nilpferd badet gern.

la baignoire
die Badewanne

Henri joue au pirate dans la baignoire.
Henri spielt in der Badewanne Pirat.

la balançoire
die Schaukel

Mia est assise sur la balançoire.
Mia sitzt auf der Schaukel.

le balcon
der Balkon

La maison a un balcon.
Das Haus hat einen Balkon.

la baleine
der Wal

Les baleines sont de grands mammifères marins.
Wale sind große Meerestiere.

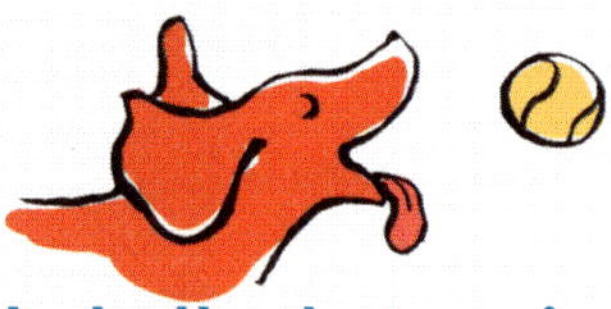

la balle de tennis
der Tennisball

Sam s'en va toujours en courant avec la balle de tennis.
Sam rennt immer mit dem Tennisball weg.

le ballon
der Ball

Le joueur envoie le ballon dans les buts.
Der Spieler schießt den Ball ins Tor.

le ballon
der Luftballon

Lisa gonfle un ballon.
Lisa bläst einen Luftballon auf.

le ballon de basket
der Basketball

Ben lance le ballon de basket.
Ben wirft den Basketball.

la banane
die Banane

Ramasse la peau de banane s'il te plaît, quelqu'un pourrait glisser dessus.
Heb bitte die Bananenschale auf, jemand könnte auf ihr ausrutschen.

le banc (public)
die Parkbank

Une vieille dame est assise sur le banc.
Auf der Parkbank sitzt eine alte Frau.

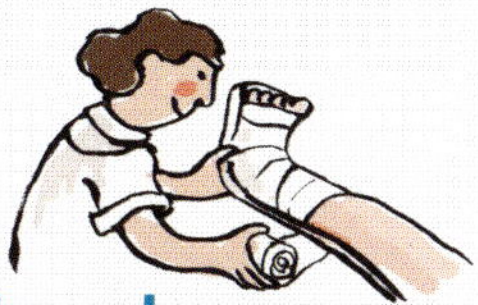

le bandage
der Verband

L'infirmière fait un bandage autour de la jambe.
Die Krankenschwester macht einen Verband um das Bein.

la bande dessinée, la BD
das Comicheft

Ben aime lire des BD.
Ben liest gerne Comichefte.

la banque
die Bank

La banque est à côté de la mairie.
Die Bank ist neben dem Rathaus.

la barbe
der Bart

Le Père Noël a une longue barbe blanche.
Der Weihnachtsmann hat einen langen weißen Bart.

le basket (basket-ball)
Basketball

Ben aime jouer au basket.
Ben spielt gerne Basketball.

les baskets (f)
die Turnschuhe

Ben voudrait des baskets neuves.
Ben wünscht sich neue Turnschuhe.

le bateau
das Schiff

Il y a quelques bateaux dans le port.
Im Hafen liegen einige Schiffe.

le bâtiment
das Gebäude

La mairie est un grand bâtiment.
Das Rathaus ist ein großes Gebäude.

bavarder
plaudern

Lisa et Susie aiment bavarder.
Lisa und Susie plaudern gerne.

beau, belle
schön

Le chat a de beaux yeux verts.
Die Katze hat schöne grüne Augen.

beaucoup
sehr, viel

Le temps s'est beaucoup amélioré.
Das Wetter ist viel besser geworden.

beaucoup de
viele

Au musée, il y a beaucoup de tableaux.
Im Museum gibt es viele Bilder.

B

le bébé
das Baby

Maman a un nouveau bébé.
Mama hat ein neues Baby.

Beurk !
Igitt!

Beurk ! La soupe est salée !
Igitt! Die Suppe schmeckt salzig!

le beurre
die Butter

Je peux avoir le beurre, s'il te plaît ?
Darf ich bitte die Butter haben?

la bibliothèque
die Bücherei, die Bibliothek

À la bibliothèque, on peut emprunter des livres.
In der Bücherei kann man Bücher leihen.

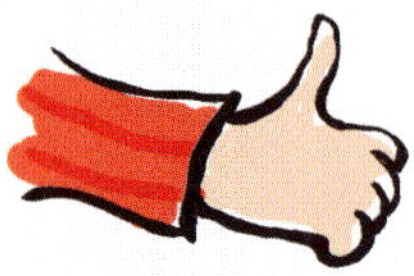

bien
gut

Je vais bien.
Es geht mir gut.

bien sûr
natürlich

Bien sûr, c'est possible.
Das ist natürlich möglich.

bien tenir
festhalten

Tiens bien ta casquette !
Halte deine Kappe fest!

le bikini
der Bikini

Tante Lilly porte un bikini vert.
Tante Lilly trägt einen grünen Bikini.

le billet
die Fahrkarte

Je peux voir votre billet ?
Darf ich Ihre Fahrkarte sehen?

le biscuit
der Keks

Le biscuit est beaucoup trop dur.
Der Keks ist viel zu hart.

la blague
der Witz

Nous rions de la blague.
Wir lachen über den Witz.

blanc, blanche
weiß

Le médecin porte une blouse blanche.
Der Arzt trägt einen weißen Kittel.

bleu, bleue
blau

Tim porte sa casquette bleue préférée.
Tim trägt seine blaue Lieblingskappe.

blond, blonde
blond

Mia a les cheveux blonds.
Mia hat blonde Haare.

boire
trinken

Tim voudrait boire un verre d'eau.
Tim möchte ein Glas Wasser trinken.

la boisson
das Getränk

Le vin est une boisson pour adultes.
Wein ist ein Getränk für Erwachsene.

la boîte
die Schachtel, die Dose

Mamie collectionne les boutons dans la boîte.
Oma sammelt die Knöpfe in der Schachtel.

la boîte aux lettres
der Briefkasten

Je mets la carte postale dans la boîte aux lettres.
Ich stecke die Postkarte in den Briefkasten.

bon
gut

Le repas est bon !
Das Essen schmeckt gut!

bon appétit
guten Appetit

Bon appétit et régalez-vous !
Guten Appetit, und lasst es euch schmecken!

bon marché
billig

Ces cahiers sont si bon marchés que nous pouvons en acheter deux.
Diese Schulhefte sind so billig, wir können zwei davon kaufen.

le bonbon
das Bonbon

Nous n'avons pas le droit de manger tant de bonbons.
Wir sollen nicht so viele Bonbons essen.

le bonhomme de neige
der Schneemann

Le bonhomme de neige a un nez en carotte !
Der Schneemann hat eine Karotte als Nase!

bonjour
guten Tag

Bonjour, mes amis !
Guten Tag, meine Freunde!

bonne journée
einen schönen Tag

Je te souhaite une bonne journée !
Ich wünsche dir einen schönen Tag!

bonne nuit
gute Nacht

Bonne nuit ! Dors bien !
Gute Nacht! Schlaf gut!

le bonnet
die Mütze

Carl porte un bonnet de laine.
Carl trägt eine Mütze aus Wolle.

les bottes (f)
die Stiefel

Il y a des trous dans mes vieilles bottes !
In meinen alten Stiefeln sind Löcher!

la bouche
der Mund

Le bébé a une tétine dans la bouche.
Das Baby hat einen Schnuller im Mund.

bouclé, bouclée
lockig

Susie a les cheveux bouclés.
Susie hat lockige Haare.

la bougie
die Kerze

Maman allume une bougie.
Mama zündet eine Kerze an.

le boulanger, la boulangère
der Bäcker, die Bäckerin

Chez le boulanger, il y a des baguettes fraîches.
Beim Bäcker gibt es frische Baguettes.

la boule
die Kugel

La boule roule plus vite que le ballon.
Die Kugel rollt schneller als der Ball.

la boule de neige
der Schneeball

Les enfants lancent des boules de neige.
Die Kinder werfen Schneebälle.

la bouteille
die Flasche

Ben boit à la bouteille.
Ben trinkt aus der Flasche.

le bouton
der Knopf

Tu dois appuyer sur le bouton rouge !
Du musst auf den roten Knopf drücken.

la branche
der Ast

Attention ! La branche casse.
Vorsicht! Der Ast bricht.

le bras
der Arm

Les enfants lèvent les bras.
Die Kinder heben ihre Arme.

briller
glänzen

Le pelage de Kitty brille bien.
Kittys Fell glänzt schön.

la brosse à cheveux
die Haarbürste

Lisa se coiffe avec sa brosse à cheveux.
Lisa kämmt sich die Haare mit ihrer Bürste.

la brosse à dents
die Zahnbürste

Ta brosse à dents est de quelle couleur ?
Welche Farbe hat deine Zahnbürste?

se brosser les dents
sich die Zähne putzen

Je me brosse les dents deux fois par jour.
Ich putze mir zweimal am Tag die Zähne.

le brouillard
der Nebel

Quand il y a du brouillard, papa conduit avec prudence.
Bei Nebel fährt Papa vorsichtig.

brun, brune
braun

Ben a les cheveux bruns.
Ben hat braune Haare.

bruyant, bruyante
laut

La moto est bruyante !
Das Motorrad ist laut!

le bureau
der Schreibtisch

L'ordinateur portable est sur le bureau.
Der Laptop steht auf dem Schreibtisch.

le bus
der Bus

Les enfants montent dans le bus.
Die Kinder steigen in den Bus.

le but
das Fußballtor

Le gardien de but est dans les buts.
Der Torwart steht im Tor.

C

c'est
das ist

C'est notre chien Sam.
Das ist unser Hund Sam.

la cabine téléphonique
die Telefonzelle

Où est-ce que je peux trouver une cabine téléphonique ?
Wo finde ich eine Telefonzelle?

se cacher
sich verstecken

Le lièvre se cache dans l'herbe.
Der Hase versteckt sich im Gras.

le caddie
der Einkaufswagen

Le caddie est plein de nourriture.
Der Einkaufswagen ist voller Lebensmittel.

le cadeau
das Geschenk

Merci pour le cadeau !
Danke für das Geschenk!

le cadeau d'anniversaire
das Geburtstagsgeschenk

Le cadeau d'anniversaire est de papi.
Das Geburtstagsgeschenk ist von Opa.

le café
das Café

Le café est à côté de la mairie.
Das Café ist neben dem Rathaus.

le café
der Kaffee

Le café est pour papa !
Der Kaffee ist für Papa!

le cahier
das Heft

Ouvrez vos cahiers, s'il vous plaît !
Öffnet bitte die Hefte!

la caisse
die (Supermarkt-) Kasse

À la caisse, il y a une longue queue.
An der Kasse steht eine lange Schlange.

la calculette
der Taschenrechner

En cours de maths, nous utilisons une calculette.
In Mathe benutzen wir einen Taschenrechner.

le calendrier
der Kalender

Le calendrier a beaucoup de pages.
Der Kalender hat viele Seiten.

C

le camion
der Lastwagen,
der LKW

Le camion bloque le passage piéton.
Der LKW versperrt den Zebrastreifen.

la campagne
das Land,
die Landschaft

Les grands-parents habitent à la campagne.
Die Großeltern wohnen auf dem Land.

le canapé
das Sofa

Le canapé est mou et confortable.
Das Sofa ist weich und gemütlich.

le canard
die Ente

Les canards peuvent nager et voler.
Enten können schwimmen und fliegen.

la cantine
die Kantine

Dans notre école, il y a une cantine.
In unserer Schule gibt es eine Kantine.

la carotte
die Karotte

Les lapins adorent les carottes.
Kaninchen lieben Karotten.

le carrefour
die Kreuzung

Il y a eu un accident au carrefour.
An der Kreuzung ist ein Unfall passiert.

le cartable
die Schultasche

Je porte mes livres dans un cartable.
Meine Bücher trage ich in einer Schultasche.

la carte d'anniversaire
die Geburtstags-
karte

La carte d'anniversaire est de tante Lilly.
Die Geburtstagskarte ist von Tante Lilly.

la carte postale
die Postkarte

La carte postale est de Venise.
Die Postkarte ist aus Venedig.

la carte de géographie
die Landkarte

En cours de géographie, nous regardons une carte de géographie.
In Erdkunde betrachten wir eine Landkarte.

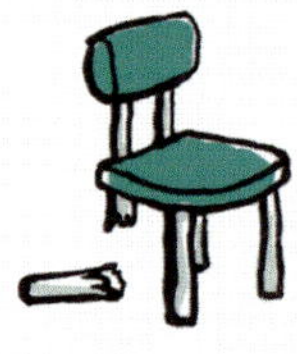

casser
kaputt machen

La chaise est cassée.
Der Stuhl ist kaputt.

la casquette
die Mütze, die Baseballkappe

Tim porte sa casquette préférée.
Tim trägt seine Lieblingsmütze.

la cave
der Keller

Dans la cave habite une famille de souris.
Im Keller wohnt eine Mäusefamilie.

le CD
die CD

Lisa et Susie aiment écouter des CD.
Lisa und Susie hören gerne CDs.

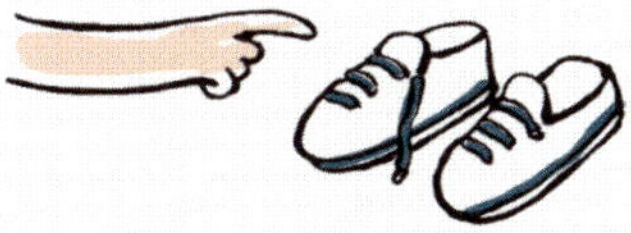

ce, cet, cette
dieser, diese, dieses

À qui sont ces chaussures ?
Wem gehören diese Schuhe?

ce soir
heute Abend

Ce soir, nous allons jouer aux cartes.
Wir wollen heute Abend Karten spielen.

la ceinture
der Gürtel

Papa a besoin d'une ceinture.
Papa braucht einen Gürtel.

célèbre
berühmt

Winnetou est un homme célèbre.
Winnetou ist ein berühmter Mann.

100

cent
hundert, einhundert

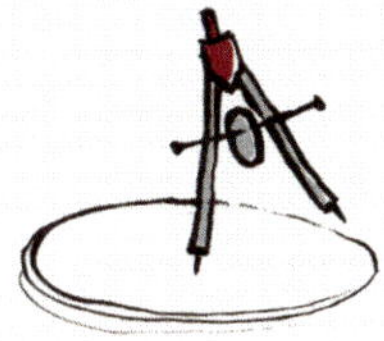

le cercle
der Kreis

Avec le compas, on peut dessiner un cercle.
Mit dem Zirkel kann man einen Kreis malen.

les céréales (f)
das Müsli

Lisa mange des céréales au petit-déjeuner.
Lisa isst Müsli zum Frühstück.

le cerf-volant
der Drachen

Le cerf-volant monte haut dans le ciel.
Der Drachen steigt hoch in den Himmel.

la cerise
die Kirsche

Les cerises ont un noyau au milieu.
Kirschen haben einen Kern in der Mitte.

c'est amusant
es macht Spaß

C'est amusant de dormir sous la tente.
Es macht Spaß, im Zelt zu schlafen.

la chaise
der Stuhl

La chaise est cassée !
Der Stuhl ist kaputt!

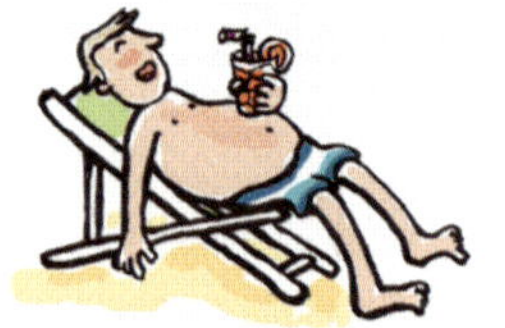

la chaise longue
der Liegestuhl

Papa se détend sur la chaise longue.
Papa entspannt sich im Liegestuhl.

C

le chameau
das Kamel

Les chameaux traversent le désert.
Die Kamele ziehen durch die Wüste.

le champ
das Feld

Le tracteur va dans le champ.
Der Traktor fährt auf das Feld.

chanter
singen

Papa chante sous la douche.
Papa singt in der Dusche.

le chapeau
der Hut

Papa porte un chapeau rigolo.
Papa hat einen lustigen Hut auf.

le chat, la chatte
die Katze

Kitty est la chatte de Mia.
Kitty ist Mias Katze.

le château
das Schloss

Le château se trouve sur une colline.
Das Schloss steht auf einem Hügel.

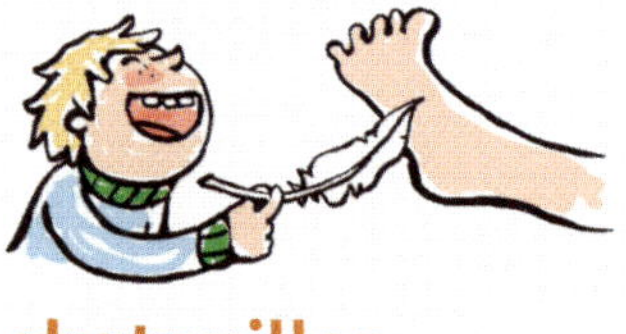

chatouiller
kitzeln

Tim chatouille le pied de papi.
Tim kitzelt Opa am Fuß.

chaud, chaude
heiß

Le thé est trop chaud !
Der Tee ist zu heiß!

la chaussette
die Socke

La chaussette a un trou.
Die Socke hat ein Loch.

le chausson
der Hausschuh

Dans le chausson, il y a une souris.
Im Hausschuh sitzt eine Maus.

la chaussure
der Schuh

Papi cire ses chaussures.
Opa putzt seine Schuhe.

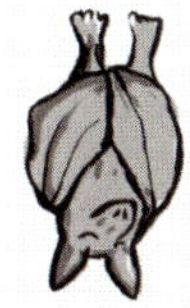

la chauve-souris
die Fledermaus

Là-haut, il y a une chauve-souris !
Da oben ist eine Fledermaus!

la cheminée
der Schornstein, der Kamin

La cheminée est bouchée !
Der Schornstein ist verstopft!

la chemise
das Hemd

Papa a beaucoup de chemises.
Papa hat viele Hemden.

cher, chère
teuer

La bague est très chère.
Der Ring ist sehr teuer.

chercher
suchen

Papi cherche ses lunettes.
Opa sucht seine Brille.

le cheval
das Pferd

Le cheval a une crinière noire.
Das Pferd hat eine schwarze Mähne.

le chevalier
der Ritter

Le chevalier porte une armure.
Der Ritter hat eine Rüstung an.

les cheveux (m)
das Haar

Lisa se sèche les cheveux au sèche-cheveux.
Lisa trocknet sich die Haare mit dem Föhn.

la chèvre
die Ziege

Les chèvres donnent du lait.
Ziegen geben Milch.

le chevreuil
das Reh

Ben observe un chevreuil.
Ben beobachtet ein Reh.

C

le chewing-gum
das Kaugummi

Avec du chewing-gum, on peut faire des bulles.
Mit Kaugummi kann man Blasen machen.

chez
an, bei, zu

Lisa est chez Susie. – Tu viens avec moi chez Henri ?
Lisa ist bei Susie. – Kommst du mit zu Henri?

le chien
der Hund

Sam est un gentil chien.
Sam ist ein netter Hund.

les chips (f)
die Chips

Tante Lilly adore les chips.
Tante Lilly liebt Chips.

le chocolat
die Schokolade

Combien de morceaux de chocolat avons-nous ?
Wie viele Stücke Schokolade haben wir?

le chocolat chaud
die heiße Schokolade

Je voudrais un chocolat chaud, s'il vous plaît.
Ich möchte bitte eine heiße Schokolade.

le chouchou
der Liebling

Sam est le chouchou de mamie.
Sam ist Omas Liebling.

chouette
toll

Vous avez tous bien joué. C'était chouette !
Ihr habt alle gut gespielt. Das war toll!

la chouette
die Eule

Les chouettes dorment souvent dans la journée.
Eulen schlafen meistens tagsüber.

le chou-fleur
der Blumenkohl

Combien coûte le chou-fleur ?
Was kostet der Blumenkohl?

chuchoter
flüstern

Tim chuchote quelque chose à l'oreille de Mia.
Tim flüstert Mia etwas ins Ohr.

le ciel
der Himmel

Le ciel est bien bleu.
Der Himmel ist schön blau.

le cinéma
das Kino

Lisa et Susie aiment aller au cinéma.
Lisa und Susie gehen gerne ins Kino.

5

cinq
fünf

50

cinquante
fünfzig

le cintre
der Kleiderbügel

Papa accroche son pantalon sur un cintre.
Papa hängt seine Hose auf den Kleiderbügel.

la circulation
der Verkehr

Il y a beaucoup de circulation dans la rue principale.
Es ist viel Verkehr auf der Hauptstraße.

les ciseaux (m)
die Schere

Les ciseaux coupent super bien !
Die Schere schneidet super!

le citron
die Zitrone

Les citrons ont un goût acide !
Zitronen schmecken sauer!

clair, claire
hell

Quand le soleil brille, il fait bien clair.
Wenn die Sonne scheint, ist es schön hell.

la classe
die Klasse

Lisa est-elle dans ta classe ?
Ist Lisa in deiner Klasse?

le clavier
die Tastatur

Je sais écrire très vite sur un clavier.
Ich kann wirklich schnell auf einer Tastatur schreiben.

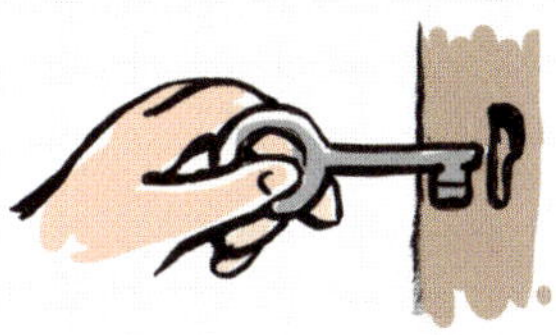

la clé
der Schlüssel

La clé ne va pas !
Der Schlüssel passt nicht!

le client, la cliente
der Kunde, die Kundin

La cliente achète un kilo de cerises.
Die Kundin kauft ein Kilo Kirschen.

la cloche
die Glocke

La cloche sonne.
Die Glocke läutet.

la clôture
der Zaun

Sur la clôture, il y a deux poules.
Auf dem Zaun sitzen zwei Hühner.

le clown
der Clown

Le clown porte un long manteau.
Der Clown hat einen langen Mantel an.

le coca
die Cola

J'aime boire du coca avec des glaçons et du citron.
Ich trinke gerne Cola mit Eis und Zitrone.

le cochon
das Schwein

Mon porte-bonheur est un petit cochon.
Mein Glücksbringer ist ein kleines Schwein.

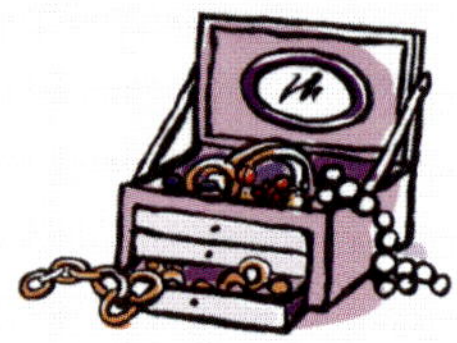

le coffret
die Kassette

Dans le coffret, il y a des bijoux.
In der Kassette ist Schmuck.

se cogner
sich stoßen

Henri s'est cogné la tête.
Henri hat sich den Kopf gestoßen.

le collant
die Strumpfhose

Le collant ne va pas !
Die Strumpfhose passt nicht!

la colle
der Klebstoff

Nous fixons les images avec de la colle.
Wir befestigen die Bilder mit Klebstoff.

collectionner
sammeln

Papi collectionne les timbres.
Opa sammelt Briefmarken.

le collier
die Halskette

Mamie porte un collier.
Oma trägt eine Halskette.

la colline
der Hügel

Sur la colline broutent des moutons.
Auf dem Hügel weiden Schafe.

combien
wie viel

Combien de tomates désirez-vous ?
Wie viele Tomaten möchten Sie?

commencer
beginnen, anfangen

L'école commence à 8 heures.
Die Schule beginnt um 8 Uhr.

comment
wie

Comment tu t'appelles ?
Wie heißt du?

comprendre
verstehen

La radio est trop forte, je ne comprends pas un mot !
Das Radio ist so laut, ich verstehe kein Wort!

le conducteur de bus, la conductrice de bus
der Busfahrer, die Busfahrerin

La conductrice de bus est assise au volant.
Die Busfahrerin sitzt am Steuer.

conduire
fahren

Le chauffeur de taxi nous conduit à l'aéroport.
Der Taxifahrer fährt uns zum Flughafen.

C

la confiture
die Marmelade

La confiture est faite avec des cerises.
Die Marmelade ist aus Kirschen gemacht.

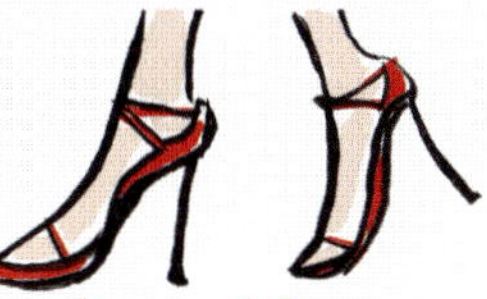

confortable
bequem

Les chaussures n'ont pas l'air d'être très confortables.
Die Schuhe sehen nicht sehr bequem aus.

connaître
kennen

Connais-tu ce jeu ? Non, je ne le connais pas.
Kennst du das Spiel? Nein, ich kenne es nicht.

construire
bauen

Tim construit une tour.
Tim baut einen Turm.

content, contente
zufrieden

Madame Elling est contente de nous.
Frau Elling ist mit uns zufrieden.

continuer
weitermachen, fortsetzen

Continue l'exercice, s'il te plaît !
Macht bitte weiter mit der Aufgabe!

le contraire
das Gegenteil,
der Gegensatz

Le contraire de grand est petit.
Das Gegenteil von groß ist klein.

le contrôle
die Klassenarbeit

Aujourd'hui, nous avons un contrôle.
Heute schreiben wir eine Klassenarbeit.

le copain, la copine
der Freund,
die Freundin

J'ai beaucoup de copains à l'école.
Ich habe viele Freunde in der Schule.

le coq
der Hahn

Le coq chante tôt le matin.
Der Hahn kräht früh am Morgen.

le coquillage
die Muschel

Lisa a ramassé quelques coquillages.
Lisa hat ein paar Muscheln gesammelt.

la corneille
die Krähe

La corneille est sur le toit.
Die Krähe sitzt auf dem Dach.

C

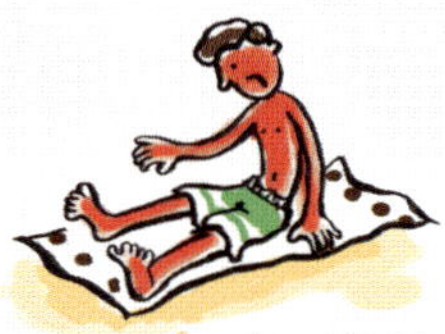

le corps
der Körper

Mon corps est tout rouge !
Mein Körper ist ganz rot!

le cou
der Hals

Tim se lave le cou.
Tim wäscht sich den Hals.

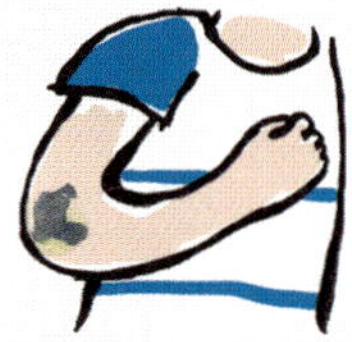

le coude
der Ellbogen

Au coude, il y a un bleu.
Am Ellbogen ist ein blauer Fleck.

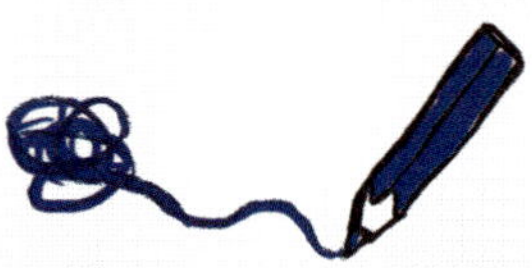

la couleur
die Farbe

La couleur que je préfère c'est le bleu.
Die blaue Farbe mag ich am liebsten.

la coupe
die Schüssel,
die Schale

Dans la coupe, il y a du flan.
In der Schale ist Pudding.

couper
schneiden

Le coiffeur coupe les cheveux de Tim.
Der Friseur schneidet Tim die Haare.

la cour de l'école
der Schulhof

Dans la cour de l'école, nous pouvons jouer au ping-pong.
Auf dem Schulhof können wir Tischtennis spielen.

courir
laufen

Sam court plus vite que Ben.
Sam läuft schneller als Ben.

la couronne
die Krone

Le roi porte une couronne.
Der König trägt eine Krone.

le cours d'arts plastiques
der Kunstunterricht

Mia dessine un chat en cours d'arts plastiques.
Mia zeichnet im Kunstunterricht eine Katze.

la course
das Wettrennen

Les voitures font une course.
Die Autos machen ein Wettrennen.

court, courte
kurz

Ben porte un pantalon court.
Ben hat eine kurze Hose an.

---

le cousin, la cousine
der Cousin, die Cousine

Ben et Lisa ont un cousin et une cousine.
Ben und Lisa haben einen Cousin und eine Cousine.

le couteau
das Messer

Je mange le steak avec le couteau et la fourchette.
Das Steak esse ich mit Messer und Gabel.

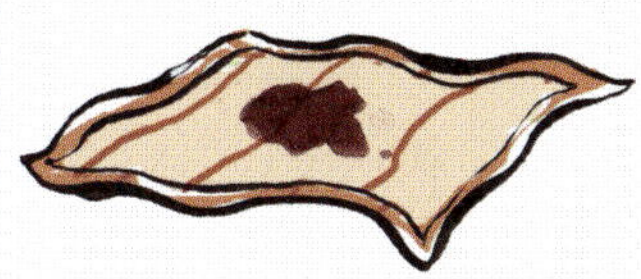

la couverture
die Decke

Sur la couverture, il y a une grosse tache noire !
Auf der Decke ist ein großer schwarzer Fleck!

---

le crabe
die Krabbe

Tu vois le crabe ?
Siehst du die Krabbe?

la craie
die Kreide

Madame Elling écrit à la craie.
Frau Elling schreibt mit Kreide.

la cravate
die Krawatte

Papa porte une cravate.
Papa trägt eine Krawatte.

le crayon
der Bleistift

Mamie m'a acheté un nouveau crayon brillant.
Oma hat mir einen neuen glitzernden Bleistift gekauft.

la crèche
die Krippe

Dans l'église, à Noël, il y a une crèche.
In der Kirche steht zu Weihnachten eine Krippe.

la crème Chantilly
die Schlagsahne

Voudrais-tu manger les fraises avec de la crème Chantilly ?
Möchtest du die Erdbeeren gerne mit Schlagsahne essen?

la crème solaire
die Sonnencreme

Carl utilise la crème solaire.
Carl benutzt die Sonnencreme.

la crêpe
der Crêpe

J'adore les crêpes au chocolat.
Ich liebe Crêpes mit Schokolade.

la crinière
die Mähne

Le cheval a une crinière noire.
Das Pferd hat eine schwarze Mähne.

le crocodile
das Krokodil

Le crocodile est allongé au soleil.
Das Krokodil liegt in der Sonne.

croire
glauben

Tu crois aux monstres ?
Glaubst du an Monster?

le croissant
das Croissant

Au petit déjeuner, il y a des croissants au beurre.
Zum Frühstück gibt es Croissants mit Butter.

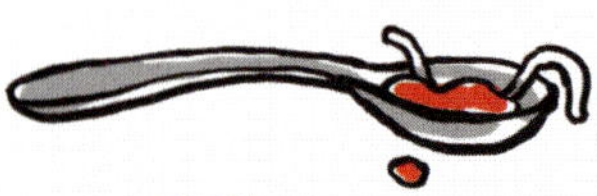

la cuillère
der Löffel

Il est difficile de manger les spaghettis avec une cuillère.
Es ist schwer, Spaghetti mit einem Löffel zu essen.

la cuisine
die Küche

La cuisine est au rez-de-chaussée.
Die Küche ist im Erdgeschoss.

le cycliste, la cycliste
der Fahrradfahrer, die Fahrrad-fahrerin

Le cycliste roule au milieu de la rue.
Der Fahrradfahrer fährt mitten auf der Straße.

D
L

d'abord
zuerst

Nous devons d'abord acheter un billet.
Wir müssen zuerst eine Fahrkarte kaufen.

dangéreux, dangéreuse
gefährlich

La route est dangéreuse pour les grenouilles.
Die Straße ist für Frösche gefährlich.

dans
in

Le dentifrice est dans le tube.
Die Zahnpasta ist in der Tube.

danser
tanzen

Nous dansons sur de la musique.
Wir tanzen zu Musik.

le dauphin
der Delfin

Le dauphin saute hors de l'eau.
Der Delfin springt aus dem Wasser.

de
von

C'est le sac de Susie.
Das ist die Tasche von Susie.

D

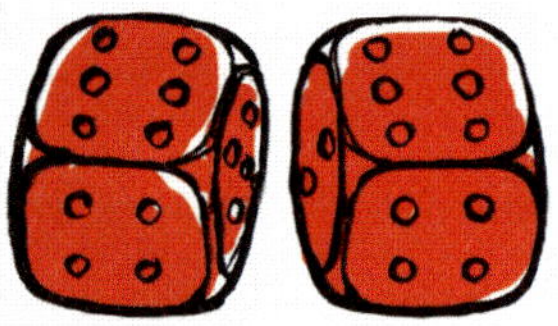

le dé
der Würfel

On voit six points sur chaque dé.
Jeder Würfel zeigt sechs Punkte.

décembre
der Dezember

En décembre, nous fêtons Noël.
Im Dezember feiern wir Weihnachten.

décorer
schmücken

Maman décore la table.
Mama schmückt den Tisch.

dedans
drinnen

Est-ce que le chat est dedans ?
Ist die Katze drinnen?

déguiser
verkleiden

Tante Lilly se déguise en sorcière.
Tante Lilly verkleidet sich als Hexe.

dehors
draußen

Est-ce que le chat est dehors ?
Ist die Katze draußen?

le déjeuner
das Mittagessen

Il y a du poisson au déjeuner.
Zum Mittagessen gibt es Fisch.

délicieux, délicieuse
lecker, köstlich

Miam ! Le repas est délicieux !
Lecker! Das Essen ist köstlich!

demain
morgen

Demain commencent les vacances.
Morgen beginnen die Ferien.

demander
fragen

Madame Elling demande la solution.
Frau Elling fragt nach der Lösung.

demander pardon
sich entschuldigen

Carl demande pardon parce qu'il arrive trop tard.
Carl entschuldigt sich, weil er zu spät kommt.

la dent
der Zahn

Tim a perdu une dent.
Tim hat einen Zahn verloren.

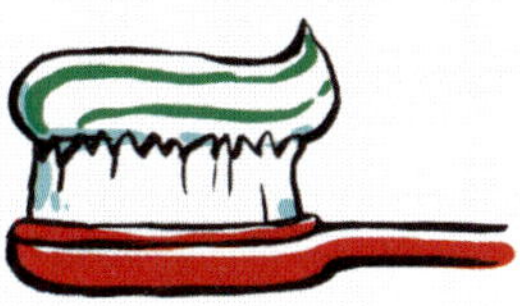

le dentifrice
die Zahnpasta

Je mets du dentifrice sur la brosse à dents.
Ich drücke Zahnpasta auf die Zahnbürste.

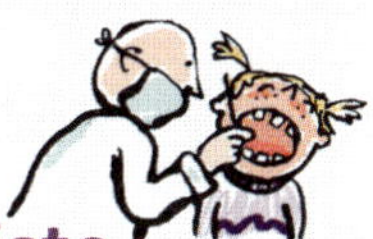

le dentiste, la dentiste
der Zahnarzt, die Zahnärztin

Le dentiste examine les dents de Mia.
Der Zahnarzt untersucht Mias Zähne.

dernier, dernière
letzte, letzter, letztes

Le dernier bus part à 7 heures.
Der letzte Bus fährt um 7 Uhr.

derrière
hinter

Le soleil apparaît derrière les nuages.
Die Sonne kommt hinter den Wolken hervor.

le derrière
der Po, der Hintern

Aïe ! Je suis tombé sur le derrière.
Autsch! Ich bin auf den Hintern gefallen.

le désert
die Wüste

Les chameaux traversent le désert.
Die Kamele ziehen durch die Wüste.

desirer
wünschen

Que désires-tu pour ton anniversaire ?
Was wünschst du dir zum Geburtstag?

le désordre
die Unordnung

Quel désordre !
Was für eine Unordnung!

le dessert
die Nachspeise

Mon dessert préféré c'est le flan au chocolat.
Meine Lieblingsnachspeise ist Schokoladenpudding.

dessiner
zeichnen, malen

Lisa et Susie dessinent ensemble.
Lisa und Susie malen zusammen.

le détective, la détective
der Detektiv, die Detektivin

Le détective travaille dans le grand magasin.
Der Detektiv arbeitet im Kaufhaus.

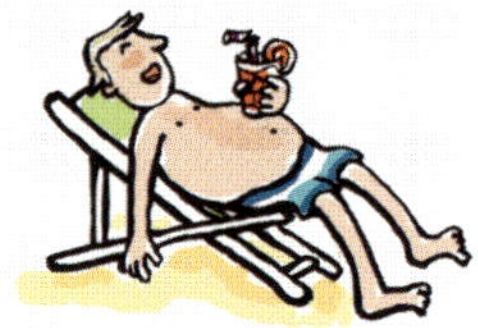

se détendre
sich entspannen

Papa se détend sur la chaise longue.
Papa entspannt sich im Liegestuhl.

détester
hassen

Lisa déteste faire la vaisselle.
Lisa hasst es abzuwaschen.

2

deux
zwei

devant
vor

Sam est assis devant la porte.
Sam sitzt vor der Tür.

deviner
erraten

Peux-tu deviner la réponse ?
Kannst du die Antwort erraten?

devoir
müssen

Tu dois ranger ta chambre.
Du musst dein Zimmer aufräumen.

le devoir
die Hausaufgabe

Aujourd'hui, nous avons beaucoup de devoirs.
Wir haben heute viele Hausaufgaben auf.

le dictionnaire
das Wörterbuch

En français, nous utilisons un dictionnaire.
In Französisch benutzen wir ein Wörterbuch.

difficile
schwierig

L'exercice n'est pas difficile.
Die Aufgabe ist nicht schwierig.

le dimanche
der Sonntag

Le dimanche est un jour de congé pour beaucoup de personnes.
Sonntag ist ein freier Tag für viele Menschen.

---

la dinde
die Pute

On a besoin d'une très grosse dinde pour notre famille.
Wir brauchen eine sehr große Pute für unsere Familie.

le dîner
das Abendessen

Le soir, toute la famille se retrouve pour le dîner.
Zum Abendessen trifft sich die ganze Familie.

le dinosaure
der Dinosaurier

Tim a un dinosaure en peluche.
Tim hat einen Dinosaurier als Kuscheltier.

D

dire
sagen

Qu'est-ce que tu as dit ?
Was hast du gesagt?

10

dix
zehn

18

dix-huit
achtzehn

19

dix-neuf
neunzehn

17

dix-sept
siebzehn

le docteur
der Doktor

Le docteur porte une blouse blanche.
Der Doktor trägt einen weißen Kittel.

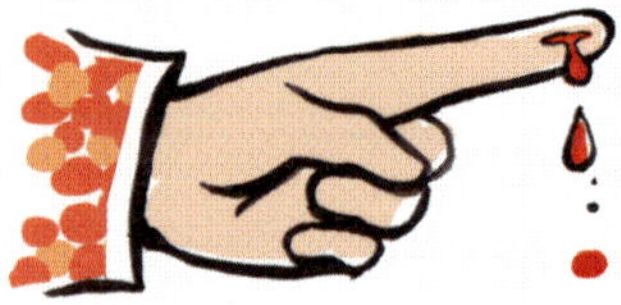

le doigt
der Finger

Mon doigt saigne.
Mein Finger blutet.

donner
geben

Mia donne une photo à Lisa.
Mia gibt Lisa ein Bild.

donner à manger
füttern

Les oiseaux donnent à manger à leurs petits.
Die Vögel füttern die Jungen.

doré, dorée
golden

Mamie porte une chaîne dorée.
Oma trägt eine goldene Kette.

dormir
schlafen

C'est amusant de dormir sous la tente.
Es macht Spaß, im Zelt zu schlafen.

le dos
der Rücken

Papa a mal au dos.
Papas Rücken tut weh.

la douche
die Dusche

La douche est sur la plage.
Die Dusche steht am Strand.

12

douze
zwölf

le dragon
der Drache

Le dragon crache du feu.
Der Drache spuckt Feuer.

le drapeau
die Fahne, die Flagge

Voilà le drapeau français.
Das ist die französische Fahne.

drôle
lustig

Le clown est très drôle.
Der Clown ist sehr lustig.

dur, dure
hart

Le biscuit est trop dur.
Der Keks ist zu hart.

E

l'eau (f)
das Wasser

L'eau est trop froide pour se baigner.
Das Wasser ist zu kalt zum Baden.

l'écharpe (f)
der Schal

Mamie tricote une écharpe.
Oma strickt einen Schal.

l'échelle (f)
die Leiter

Les poules sont perchées sur l'échelle.
Die Hühner sitzen auf der Leiter.

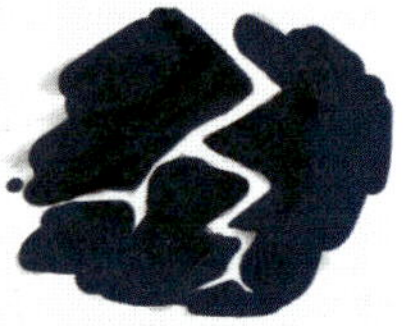

l'éclair (m)
der Blitz

Quel éclair violent !
Was für ein gewaltiger Blitz!

l'école (f)
die Schule

À l'école, on se lève en début d'heure.
In der Schule stehen wir am Anfang der Stunde auf.

écouter
zuhören

Les enfants écoutent papi.
Die Kinder hören Opa zu.

E

écrire
schreiben

Lisa écrit un e-mail.
Lisa schreibt eine E-Mail.

l'écureuil (m)
das Eichhörnchen

L'écureuil saute de branche en branche.
Das Eichhörnchen springt von Ast zu Ast.

l'église (f)
die Kirche

L'église est en plein centre de la ville.
Die Kirche ist mitten in der Stadt.

l'éléphant (m)
der Elefant

L'éléphant a une longue trompe.
Der Elefant hat einen langen Rüssel.

l'élève (m/f)
der Schüler, die Schülerin

Certains élèves portent un uniforme.
Manche Schüler tragen eine Schuluniform.

elle
sie

Elle dort et rêve qu'elle vole.
Sie schläft und träumt, dass sie fliegt.

s'embrasser
sich küssen

Tante Lilly et Carl s'embrassent parce qu'ils sont amoureux.
Tante Lilly und Carl küssen sich, weil sie verliebt sind.

l'emploi du temps (m)
der Stundenplan

Voilà l'emploi du temps de Ben.
Das ist Bens Stundenplan.

en bas
unten, nach unten

Sam attend en bas.
Sam wartet unten.

en face (de)
gegenüber

Ben est assis en face de Lisa.
Ben sitzt gegenüber von Lisa.

en fait
eigentlich

En fait, on voulait se baigner, mais l'eau est trop froide.
Wir wollten eigentlich schwimmen, aber das Wasser ist zu kalt.

en haut
oben, nach oben

Tante Lilly habite en haut.
Tante Lilly wohnt oben.

en stationnement interdit
im Halteverbot

La voiture est en stationnement interdit.
Das Auto steht im Halteverbot.

encore une fois
noch einmal, wieder

Essaie encore une fois, s'il te plaît.
Versuch's bitte noch mal.

l'enfant (m/f)
das Kind

Le chantier est interdit aux enfants !
Die Baustelle ist für Kinder verboten!

ennuyeux, ennuyeuse
langweilig

Ce livre est ennuyeux.
Dieses Buch ist langweilig.

enseigner
unterrichten

Madame Elling enseigne l'allemand.
Frau Elling unterrichtet Deutsch.

ensoleillé, ensoleillée
sonnig

Aujourd'hui le temps est ensoleillé !
Heute ist es sonnig!

E

entendre
hören

Entends-tu la pluie?
Hörst du den Regen?

entre
zwischen

Sam est assis entre Mia et Ben.
Sam sitzt zwischen Mia und Ben.

l'entrée (f)
der Eingang

Voilà l'entrée du musée.
Das ist der Eingang zum Museum.

l'épaule (f)
die Schulter

Papa porte le bébé sur ses épaules.
Papa trägt das Baby auf den Schultern.

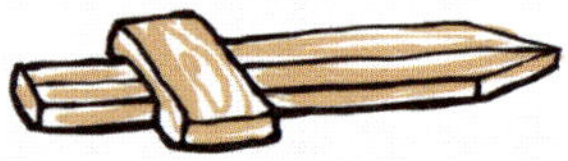

l'épée (f)
das Schwert

L'épée de Tim est en bois.
Tims Schwert ist aus Holz.

l'équipe (f)
die Mannschaft

Une équipe de football a onze joueurs.
Eine Fußballmannschaft hat elf Spieler.

l'escalier (m)
die Treppe

L'escalier a douze marches.
Die Treppe hat zwölf Stufen.

l'escargot (m)
die Schnecke

L'escargot se déplace lentement.
Die Schnecke bewegt sich langsam.

essayer
anprobieren

Mia essaie un nouveau tee-shirt.
Mia probiert ein neues T-Shirt an.

est
ist

Où est le chat ?
Wo ist die Katze?

et
und

Aujourd'hui, nous avons maths et sport.
Wir haben heute Mathe und Sport.

l'étagère (f)
das Regal

Papa construit une étagère.
Papa baut ein Regal.

l'étang (m)
der Teich

Dans l'étang, les grenouilles coassent.
Im Teich quaken die Frösche.

l'été (m)
der Sommer

En été, nous serons enfin en vacances.
Im Sommer haben wir endlich Ferien.

éternuer
niesen

Monsieur Abraham doit éternuer.
Herr Abraham muss niesen.

l'étoile (f)
der Stern

Vois-tu l'étoile qui brille ?
Siehst du den hellen Stern?

l'étoile de mer (f)
der Seestern

L'étoile de mer a cinq branches.
Der Seestern hat fünf Arme.

étranger, étrangère
fremd

Nous aimons voyager dans des pays étrangers.
Wir reisen gerne in fremde Länder.

être
sein

Henri a peur d'être seul dans la cave.
Henri fürchtet sich, allein im Keller zu sein.

être assis(e)
sitzen

Le bébé est assis dans une chaise haute.
Das Baby sitzt im Kinderstuhl.

être couché(e)
liegen

Sam est couché sur le canapé.
Sam liegt auf der Couch.

être d'accord
zustimmen

Je suis d'accord avec toi.
Ich stimme dir zu.

être désolé(e)
leidtun

Ah, je suis désolée !
Oh, das tut mir leid!

excusez-moi, excuse-moi
entschuldigen Sie, entschuldige

Excusez-moi, s'il vous plaît !
Entschuldigen Sie, bitte!

E

F

facile
einfach, leicht

C'est un exercice facile.
Das ist eine leichte Aufgabe.

faire
machen

Tante Lilly fait des crêpes.
Tante Lilly macht Crêpes.

faire du jogging
joggen

Maman fait du jogging avant le petit-déjeuner.
Mama joggt vor dem Frühstück.

faire du roller
inlineskaten

Lisa et Susie aiment faire du roller.
Lisa und Susie gehen gerne inlineskaten.

faire du ski
Ski laufen

Lisa ne sait pas bien faire du ski.
Lisa kann nicht gut Ski laufen.

faire du sport
Sport treiben

Parfois, je suis trop paresseux pour faire du sport.
Manchmal bin ich zu faul, um Sport zu treiben.

---

faire du vélo
Rad fahren

Maman fait souvent du vélo.
Mama fährt oft Rad.

faire la cuisine
kochen

Papa fait la cuisine : j'aime ses spaghettis à la sauce tomate.
Papa kocht: Ich liebe seine Spagetti mit Tomatensoße.

faire la queue
sich anstellen

À la caisse, beaucoup de gens font la queue.
An der Kasse stellen sich viele Leute an.

faire la vaisselle
abspülen

Lisa déteste faire la vaisselle.
Lisa hasst es abzuspülen.

faire les courses
einkaufen

Mamie fait les courses au supermarché.
Oma kauft im Supermarkt ein.

faire peur à quelqu'un
jemanden erschrecken

J'aime faire peur à mes parents en tant que fantôme.
Ich liebe es, als Gespenst meine Eltern zu erschrecken.

F

faire un câlin
umarmen

Maman fait un câlin à Tim.
Mama umarmt Tim.

faire une promenade
spazieren gehen

Lisa fait une promenade avec Sam.
Lisa geht mit Sam spazieren.

la famille
die Familie

Ben présente sa famille.
Ben stellt seine Familie vor.

le fantôme
das Gespenst, der Geist

Le petit fantôme vient à minuit.
Um Mitternacht kommt das kleine Gespenst.

la farine
das Mehl

Il nous faut 300 grammes de farine pour le gâteau.
Wir brauchen 300 Gramm Mehl für den Kuchen.

fatigué, fatiguée
müde

Mia est trop fatiguée pour jouer.
Mia ist zu müde zum Spielen.

le fauteuil
der Sessel

Mamie est assise dans le fauteuil.
Oma sitzt im Sessel.

faux, fausse
falsch

Cette réponse est fausse.
Diese Antwort ist falsch.

la fée
die Fee

Dans les contes, il y a des gentilles fées et des méchantes fées.
In Märchen gibt es gute und böse Feen.

la femme
die Frau

Connais-tu la femme là-bas ?
Kennst du die Frau da drüben?

la fenêtre
das Fenster

La fenêtre est ouverte.
Das Fenster ist offen.

fermé, fermée
geschlossen

La porte est fermée.
Die Tür ist geschlossen.

la ferme
der Bauernhof

Les grands-parents de Henri ont une ferme.
Henris Großeltern haben einen Bauernhof.

fermer
zumachen, schließen, ausmachen

Il fait frais. Tu devrais fermer ta veste.
Es ist kühl. Du solltest deine Jacke zumachen.

le fermier, la fermière
der Bauer, die Bäuerin

Le papi de Henri est fermier.
Henris Opa ist Bauer.

la fête d'anniversaire
die Geburtstagsparty

Je suis invité (m) / invitée (f) à une fête d'anniversaire.
Ich bin zu einer Geburtstagsparty eingeladen.

la fête foraine
der Rummel

Il y a un train fantôme à la fête foraine.
Auf dem Rummel gibt es eine Geisterbahn.

fêter
feiern

Nous fêtons mon anniversaire dimanche.
Am Sonntag feiern wir meinen Geburtstag.

le feu
die Ampel

Le feu est au rouge.
Die Ampel zeigt Rot.

le feu
das Feuer

Le dragon crache du feu.
Der Drache spuckt Feuer.

le feu d'artifice
das Feuerwerk

Le 14 juillet (le jour de la fête nationale), il y a des feux d'artifice partout en France.
Am 14. Juli zum Nationalfeiertag gibt es überall in Frankreich Feuerwerk.

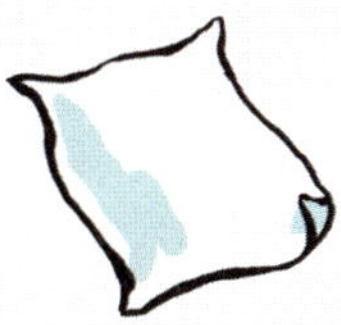

la feuille
das Blatt

Voici une feuille de papier blanche.
Das ist ein leeres Blatt Papier.

le feutre
der Filzstift

Je dessine au feutre.
Ich male mit dem Filzstift.

février
der Februar

Février est le deuxième mois de l'année.
Der Februar ist der zweite Monat im Jahr.

la fièvre
das Fieber

Henri est malade. Il a de la fièvre.
Henri ist krank. Er hat Fieber.

la fille
die Tochter, das Mädchen

Maman est la fille de mamie.
Mama ist Omas Tochter.

le fils
der Sohn

Papa est le fils de papi.
Papa ist Opas Sohn.

la flaque
die Pfütze

Tim saute dans la flaque.
Tim springt in die Pfütze.

la fleur
die Blume

Mes fleurs préférées, ce sont les pâquerettes.
Das Gänseblümchen ist meine Lieblingsblume.

le flocon de neige
die Schneeflocke

Tim a des flocons de neige dans les cheveux.
Tim hat Schneeflocken im Haar.

la fontaine
der Brunnen

Un pigeon se baigne dans la fontaine.
Im Brunnen badet eine Taube.

le foot, le football
Fußball

Ben et Henri aiment jouer au foot.
Ben und Henri spielen gern Fußball.

la forêt
der Wald

Dans la forêt, il y a des champignons.
Im Wald gibt es Pilze.

---

la forme
die Form

Les cercles, les triangles, les carrés et les rectangles sont des formes geométriques.
Kreise, Dreiecke, Quadrate und Rechtecke sind geometrische Formen.

fort, forte
laut

La musique est trop forte.
Die Musik ist zu laut.

la fourchette
die Gabel

Je mange les frites avec la fourchette.
Ich esse die Pommes mit der Gabel.

la fourmi
die Ameise

La minuscule fourmi noire porte une grande feuille verte.
Die winzige schwarze Ameise trägt ein großes grünes Blatt.

frais, fraîche
frisch

Maman fait du jus d'orange frais.
Mama macht frischen Orangensaft.

la fraise
die Erdbeere

Je voudrais des fraises avec de la crème Chantilly, s'il vous plaît.
Ich möchte bitte Erdbeeren mit Schlagsahne.

la framboise
die Himbeere

Je préfère une glace aux framboises.
Ich möchte lieber ein Himbeereis.

le français
Französisch

J'apprends le français maintenant.
Ich lerne jetzt Französisch.

la France
Frankreich

As-tu déjà été en France ?
Warst du schon einmal in Frankreich?

le frère
der Bruder

Tim est le petit frère de Mia.
Tim ist Mias kleiner Bruder.

le frigo
der Kühlschrank

Le lait est dans le frigo.
Die Milch steht im Kühlschrank.

froid, froide
kalt

La limonade est bien froide parce qu'il y a des glaçons dedans.
Die Limonade ist schön kalt, weil da Eis drin ist.

le fromage
der Käse

Le fromage a beaucoup de trous.
Der Käse hat viele Löcher.

les fruits (m)
das Obst

Les fruits sont bons pour la santé.
Obst ist gesund.

furieux, furieuse
wütend

Maman est furieuse.
Mama ist wütend.

G

gagner
gewinnen

L'équipe de Ben gagne le match.
Bens Mannschaft gewinnt das Spiel.

les gants (m)
die Handschuhe

Le gardien de but porte des gants.
Der Torwart trägt Handschuhe.

le garage
die Garage

La voiture est dans le garage.
Das Auto steht in der Garage.

le garçon
der Junge

Le garçon porte une boucle d'oreille.
Der Junge trägt einen Ohrring.

garder
behalten

Tu peux garder le livre.
Du kannst das Buch behalten.

le gardien
der Wärter

Le gardien donne à manger aux phoques.
Der Wärter füttert die Seehunde.

le gardien de but
der Torwart

Le gardien de but garde les buts.
Der Torwart bewacht das Tor.

la gare
der Bahnhof

Il y a une gare dans notre ville.
Unsere Stadt hat einen Bahnhof.

le gâteau
der Kuchen

Tante Lilly fait un gâteau.
Tante Lilly backt einen Kuchen.

le gâteau d'anniversaire
der Geburtstags-kuchen

Sur le gâteau d'anniversaire, 10 bougies sont allumées.
Auf dem Geburtstagskuchen brennen 10 Kerzen.

le géant
der Riese

Mia dessine un géant dans la forêt.
Mia malt einen Riesen im Wald.

le genou
das Knie

Ben protège ses genoux avec des genouillères.
Ben schützt seine Knie mit Knieschützern.

les gens (m)
die Menschen, die Leute

Il y a beaucoup de gens dans la rue.
Da sind viele Leute auf der Straße.

gentil, gentille
nett, freundlich

La dame à la caisse est toujours gentille.
Die Frau an der Kasse ist immer nett.

la géographie
Erdkunde

En cours de géographie, nous regardons une carte.
In Erdkunde betrachten wir eine Landkarte.

la girafe
die Giraffe

La girafe a un long cou.
Die Giraffe hat einen langen Hals.

la glace
das Eis

Je voudrais trois boules de glace, s'il vous plaît.
Ich möchte bitte drei Kugeln Eis.

glisser
rutschen

Sam glisse sur le toboggan.
Sam rutscht die Rutsche herunter.

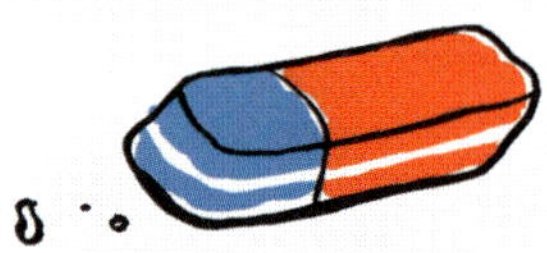

la gomme
der Radiergummi

Tu me prêtes ta gomme ?
Darf ich deinen Radiergummi leihen?

la gorge
der Hals

Papa a mal à la gorge.
Papa hat Halsschmerzen.

grand, grande
groß

« Oh, comme tu es grand ! » dit la souris à l'éléphant.
„Oh, wie groß du bist!", sagt die Maus zum Elefanten.

la grand-mère
die Großmutter

Grand-mère s'appelle Anne.
Großmutter heißt Anne.

le grand-père
der Großvater

Grand-père s'appelle Thomas.
Großvater heißt Thomas.

les grands-parents (m)
die Großeltern

J'adore mes grands-parents.
Ich liebe meine Großeltern.

la grange
die Scheune

Le tracteur est dans la grange.
Der Traktor steht in der Scheune.

se gratter
sich kratzen

Sam se gratte derrière l'oreille.
Sam kratzt sich hinter dem Ohr.

le grenier
der Dachboden

Une échelle secrète conduit au grenier.
Zum Dachboden führt eine geheime Leiter.

la grenouille
der Frosch

La grenouille veut attraper les mouches.
Der Frosch möchte die Fliegen fangen.

grimper
klettern

Ben grimpe à l'arbre.
Ben klettert auf den Baum.

gris, grise
grau

Les cheveux de papi sont gris.
Opas Haare sind grau.

gros, grosse
dick, groß

Voilà un gros animal.
Das ist ein dickes Tier.

la grotte
die Höhle

Dans la grotte vit un ours.
In der Höhle wohnt ein Bär.

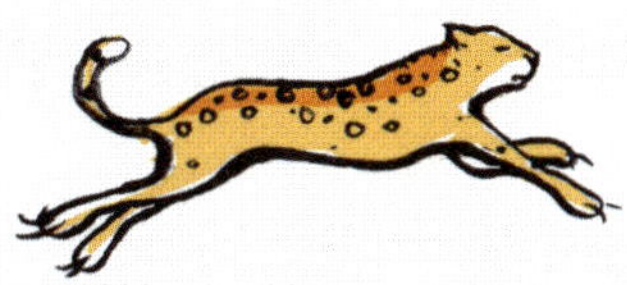

le guépard
der Gepard

Le guépard est l'animal terrestre le plus rapide.
Der Gepard ist das schnellste Landtier.

guérir
gesund werden, heilen

Es-tu guéri ?
Bist du wieder gesund?

la guirlande
die Girlande

Devant l'entrée, il y a une guirlande.
Vor dem Eingang hängt eine Girlande.

la guitare
die Gitarre

L'après-midi, Ben joue de la guitare.
Ben spielt am Nachmittag Gitarre.

H
I

habiter
wohnen, leben

Tu habites ici ?
Wohnst du hier?

Halloween
Halloween

Pour Halloween, nous faisons une citrouille-lanterne.
Zu Halloween machen wir eine Kürbislaterne.

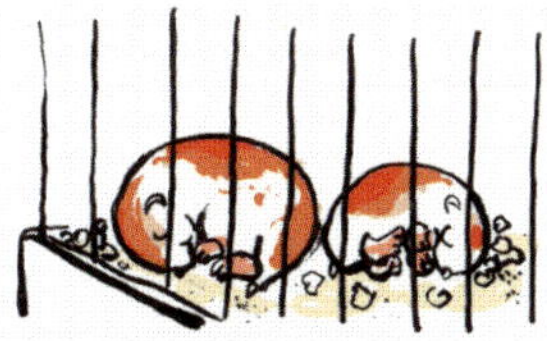

le hamster
der Hamster

Les hamsters appartiennent à Tim.
Die Hamster gehören Tim.

le haricot
die Bohne

Je n'aime pas la salade de haricots.
Ich mag keinen Bohnensalat.

l'hélicoptère (m)
der Hubschrauber

L'hélicoptère atterrit sur l'hôpital.
Der Hubschrauber landet auf dem Krankenhaus.

l'herbe (f)
das Gras

Le lièvre s'est caché dans l'herbe.
Der Hase hat sich im Gras versteckt.

le hérisson
der Igel

Les hérissons ont beaucoup de piquants pointus.
Igel haben viele spitze Stacheln.

l'heure (f)
die Stunde

Une heure a soixante minutes.
Eine Stunde hat sechzig Minuten.

l'heure de cours (f)
die Unterrichtsstunde

Ben a quatre heures de cours le lundi.
Ben hat montags vier Unterrichtsstunden.

heureux, heureuse
glücklich

Ben est heureux parce que son équipe a gagné.
Ben ist glücklich, weil seine Mannschaft gewonnen hat.

hier
gestern

Hier, nous étions au zoo.
Wir waren gestern im Zoo.

l'hippopotame (m)
das Flusspferd

Les hippopotames aiment se baigner dans l'eau.
Flusspferde baden gerne im Wasser.

l'histoire (f)
die Geschichte

En cours d'histoire, nous apprenons quelque chose sur l'âge de pierre.
In Geschichte lernen wir etwas über die Steinzeit.

l'hiver (m)
der Winter

En hiver, nous faisons du ski.
Im Winter fahren wir Ski.

le hockey
das Hockey

Tu préfères le hockey ou le hockey sur glace ?
Magst du lieber Hockey oder Eishockey?

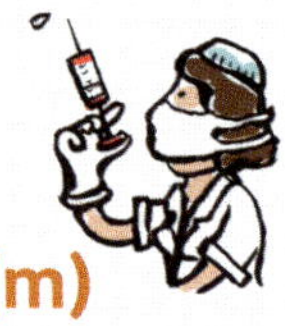

l'homme (m)
der Mann

L'homme est chez les pompiers.
Der Mann ist bei der Feuerwehr.

l'hôpital (m)
das Krankenhaus

À l'hôpital travaillent des docteurs et des infirmières.
Im Krankenhaus arbeiten Ärzte und Krankenschwestern.

l'hôtel (m)
das Hotel

C'est un hôtel à trois étoiles.
Das Hotel hat drei Sterne.

8

huit
acht

ici
hier

Ici habite ma mamie.
Hier wohnt meine Oma.

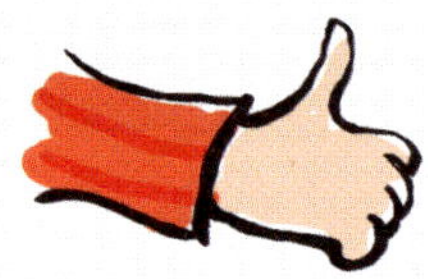

l'idée (f)
die Idee

C'est une bonne idée !
Das ist eine gute Idee!

il
er

Voici l'ami de tante Lilly. Il est pilote.
Das ist Tante Lillys Freund. Er ist Pilot.

il fait chaud
es ist warm

Près de la cheminée, il fait bien chaud.
Am Kamin ist es schön warm.

il fait froid
es ist kalt

Dans la neige, il fait froid.
Im Schnee ist es kalt.

il faut
man muss

Au feu rouge, il faut s'arrêter.
Bei Rot muss man anhalten.

il y a
es gibt

Il y a du poisson au déjeuner.
Es gibt Fisch zum Mittagessen.

l'île (f)
die Insel

L'île est en pleine mer.
Die Insel liegt mitten im Meer.

ils, elles
sie

Les enfants ont faim. Ils veulent manger.
Die Kinder haben Hunger. Sie wollen essen.

l'imperméable (m)
der Regenmantel

Mets ton imperméable !
Zieh deinen Regenmantel an!

l'imprimante (f)
der Drucker

L'imprimante imprime nos photos.
Der Drucker druckt unsere Fotos.

H I

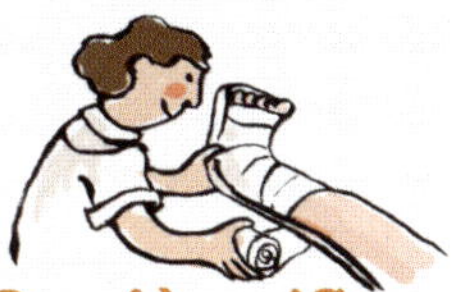

l'infirmière (f)
die Krankenschwester

L'infirmière fait un bandage.
Die Krankenschwester macht einen Verband.

l'insecte (m)
das Insekt

Les mouches sont des insectes.
Fliegen sind Insekten.

intelligent, intelligente
klug

Les chats sont des animaux intelligents.
Katzen sind kluge Tiere.

intéressant, intéressante
interessant

Ce livre, est-il intéressant ?
Ist das Buch interessant?

l'invité (m), l'invitée (f)
der Gast

Maman salue les invités.
Mama begrüßt die Gäste.

inviter
einladen

Susie l'a invitée à sa fête d'anniversaire.
Susie hat sie zu ihrer Geburtstagsfeier eingeladen.

J
K

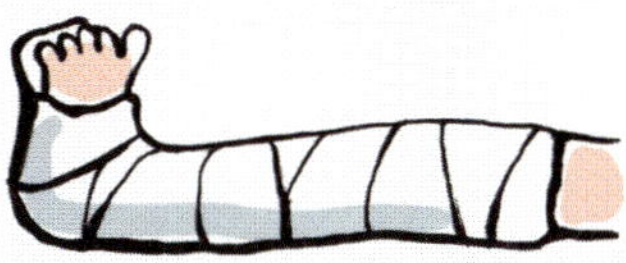

la jambe
das Bein

Ben a la jambe dans le plâtre.
Ben hat einen Gipsverband an seinem Bein.

le jambon
der Schinken

Je voudrais un sandwich au jambon.
Ich möchte ein Sandwich mit Schinken.

janvier
der Januar

Il neige souvent en janvier.
Im Januar schneit es oft.

le jardin
der Garten

Dans le jardin fleurissent beaucoup de fleurs.
Im Garten blühen viele Blumen.

jaune
gelb

Le citron est jaune.
Die Zitrone ist gelb.

je
ich

Je m'appelle Lisa.
Ich heiße Lisa.

je voudrais
ich möchte

Je voudrais trois boules de glace.
Ich möchte drei Kugeln Eis.

le jeans
die Jeans

Le jeans est beaucoup trop serré !
Die Jeans ist viel zu eng!

le jeu
das Spiel

C'est un jeu pour quatre joueurs.
Das ist ein Spiel für vier Spieler.

le jeu de cartes
das Kartenspiel

Ben et Henri aiment les jeux de cartes.
Ben und Henri mögen Kartenspiele.

le jeu vidéo
das Computerspiel

Le jeu vidéo est captivant.
Das Computerspiel ist spannend.

jeudi
der Donnerstag

Le jeudi est le quatrième jour de la semaine.
Donnerstag ist der vierte Tag der Woche.

jeune
jung

Tim est trop jeune pour aller à l'école.
Tim ist zu jung, um in die Schule zu gehen.

joli, jolie
hübsch

Susie porte une jolie robe.
Susie trägt ein hübsches Kleid.

les jonquilles
die Osterglocken

En mars fleurissent les jonquilles.
Im März blühen die Osterglocken.

jouer
spielen

Le chat joue avec la laine.
Die Katze spielt mit Wolle.

jouer à cache-cache
Verstecken spielen

On joue à cache-cache ?
Wollen wir Verstecken spielen?

le jouet
das Spielzeug

Mia partage son jouet avec Tim.
Mia teilt ihr Spielzeug mit Tim.

le joueur de tennis, la joueuse de tennis
der Tennisspieler, die Tennisspielerin

Les joueuses de tennis portent une jupe.
Tennisspielerinnen tragen einen Rock.

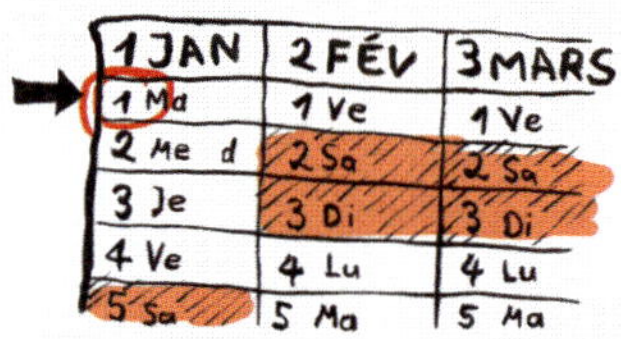

le jour
der Tag

Le 1er janvier est le premier jour de l'année.
Der 1. Januar ist der erste Tag im Jahr.

le jour de Noël
der 1. Weihnachtstag

Papi et mamie viennent le jour de Noël.
Am 1. Weihnachtstag kommen Oma und Opa.

le journal
die Zeitung

Maman et papa lisent le journal tous les matins.
Mama und Papa lesen jeden Morgen die Zeitung.

le journal intime
das Tagebuch

Mon journal intime a une clé.
Mein Tagebuch hat einen Schlüssel.

la journée
der Tag

Ça a été une belle journée.
Das war ein schöner Tag.

Joyeux Noël !
Frohe Weihnachten!

Je vous souhaite un joyeux Noël et de beaux cadeaux !
Ich wünsche euch frohe Weihnachten und schöne Geschenke!

juillet
der Juli

En juillet, nous allons à la mer.
Im Juli fahren wir ans Meer.

juin
der Juni

Le début de l'été est au mois de juin.
Im Juni ist Sommeranfang.

le jumeau, la jumelle
der Zwilling

Les jumeaux se ressemblent.
Die Zwillinge sehen gleich aus.

la jungle
der Dschungel

Dans la jungle vivent des tigres et des perroquets.
Im Dschungel leben Tiger und Papageien.

la jupe
der Rock

Je n'ai pas beaucoup de jupes.
Ich habe nicht viele Röcke.

JK

le jus
der Saft

Le jus est délicieux.
Der Saft schmeckt köstlich.

le jus d'orange
der Orangensaft

Le jus d'orange est frais.
Der Orangensaft ist frisch.

le jus de pomme
der Apfelsaft

Lisa aime boire du jus de pomme.
Lisa trinkt gerne Apfelsaft.

jusqu'à
bis

Je reste à l'école jusqu'à 16 heures aujourd'hui.
Ich bleibe heute bis 16 Uhr in der Schule.

juste
richtig, gerecht

La décision de l'arbitre n'était pas juste.
Die Entscheidung des Schiedsrichters war nicht richtig.

le kangourou
das Känguru

Le kangourou porte son petit dans une poche.
Das Känguru trägt sein Baby in einem Beutel.

L

laid, laide
hässlich

Le monstre est laid.
Das Monster ist hässlich.

le lait
die Milch

Les vaches nous donnent du lait.
Die Kühe geben uns Milch.

la laitue
der Kopfsalat

Les escargots aiment la laitue.
Schnecken lieben Kopfsalat.

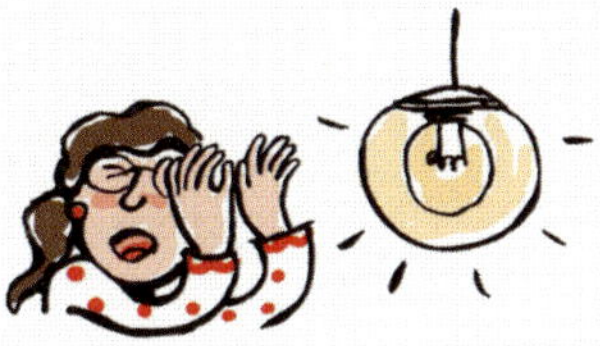

la lampe
die Lampe

La lampe est très claire.
Die Lampe ist sehr hell.

lancer
werfen

Le gardien de but lance le ballon.
Der Torwart wirft den Ball.

le landau
der Kinderwagen

La femme pousse le landau.
Die Frau schiebt den Kinderwagen.

la langue
die Sprache

Combien de langues parles-tu ?
Wie viele Sprachen sprichst du?

le lapin
das Kaninchen

Les lapins adorent les carottes.
Kaninchen lieben Karotten.

le lavabo
das Waschbecken

Je fais couler de l'eau dans le lavabo.
Ich lasse Wasser ins Waschbecken laufen.

se laver
sich waschen

Lisa se lave les cheveux.
Lisa wäscht sich ihre Haare.

le lecteur de CD
der CD-Player

Le lecteur de CD appartient à Ben.
Der CD-Player gehört Ben.

léger, légère
leicht

Le volant est léger.
Der Federball ist leicht.

L

le légume
das Gemüse

Les légumes sont bons pour la santé.
Gemüse ist gesund.

lent, lente
langsam

L'escargot est lent mais il peut se cacher vite.
Die Schnecke ist langsam, aber sie kann sich schnell verstecken.

la lettre
der Brief

Le postier tamponne la lettre.
Der Postbeamte stempelt den Brief.

la lettre
der Buchstabe

La première lettre est le A. La dernière lettre est le Z.
Der erste Buchstabe ist A. Der letzte Buchstabe ist Z.

leur
ihr, ihre

Les oiseaux donnent à manger à leurs petits.
Die Vögel füttern ihre Jungen.

se lever
aufstehen

Lisa doit se lever tôt.
Lisa muss früh aufstehen.

les lèvres (f)
die Lippen

Maman se met du rouge à lèvres.
Mama malt sich die Lippen an.

le lézard
die Eidechse

Le lézard s'est caché sous une pierre.
Die Eidechse hat sich unter einem Stein versteckt.

la librairie
die Buchhandlung

À la librairie, il y a aussi des bandes dessinées.
In der Buchhandlung gibt es auch Comics.

la licorne
das Einhorn

Il n'y a pas de licorne au zoo.
Es gibt kein Einhorn im Zoo.

la limonade
die Limonade

Une limonade avec des glaçons, s'il vous plaît !
Eine Limonade mit Eis bitte!

le lion
der Löwe

On appelle le lion le roi des animaux.
Der Löwe wird der König der Tiere genannt.

lire
lesen

Lisa lit un livre.
Lisa liest ein Buch.

lisse
glatt, gerade

Mia a les cheveux lisses.
Mia hat glatte Haare.

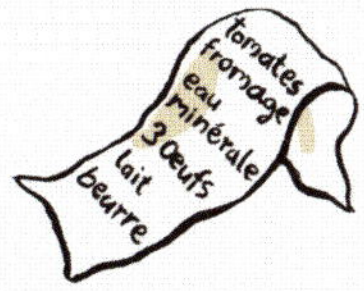

la liste des courses
die Einkaufsliste

Voilà une liste des courses pour le marché.
Das ist eine Einkaufsliste für den Markt.

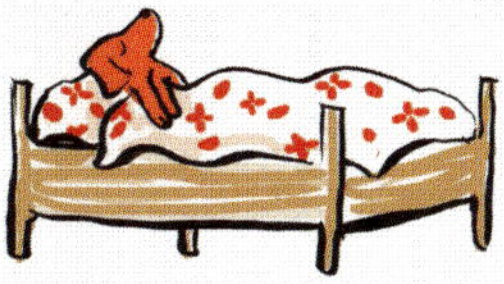

le lit
das Bett

Qui est couché dans le lit ?
Wer liegt im Bett?

le livre
das Buch

Voici un livre sur l'âge de pierre.
Das ist ein Buch über die Steinzeit.

long, longue
lang

La girafe a un long cou.
Die Giraffe hat einen langen Hals.

lourd, lourde
schwer

Le cartable de Ben est beaucoup trop lourd.
Bens Schultasche ist viel zu schwer.

lundi
der Montag

Le lundi est le premier jour de la semaine.
Montag ist der erste Tag der Woche.

la lune
der Mond

La lune apparaît derrière les nuages.
Der Mond kommt hinter den Wolken hervor.

les lunettes (f)
die Brille

Papi porte des lunettes.
Opa trägt eine Brille.

les lunettes de plongée (f)
die Taucherbrille

Papi plonge avec ses lunettes de plongée.
Opa taucht mit seiner Taucherbrille.

les lunettes de soleil (f)
die Sonnenbrille

Maman porte des lunettes de soleil cool.
Mama hat eine coole Sonnenbrille auf.

M

Madame
Frau

Notre prof s'appelle Madame Elling.
Unsere Lehrerin heißt Frau Elling.

le magasin
der Laden

C'est un magasin de jouets.
Das ist ein Laden für Spielzeug.

le magazine
die Zeitschrift

C'est un magazine pour enfants.
Das ist eine Zeitschrift für Kinder.

le magicien
der Zauberer

Le magicien fait apparaître un lapin.
Der Zauberer zaubert ein Kaninchen herbei.

mai
der Mai

En mai fleurissent les arbres.
Im Mai blühen die Bäume.

le maillot de bain
der Badeanzug, die Badehose

Le maillot de bain de Ben est beaucoup trop grand !
Bens Badehose ist viel zu groß!

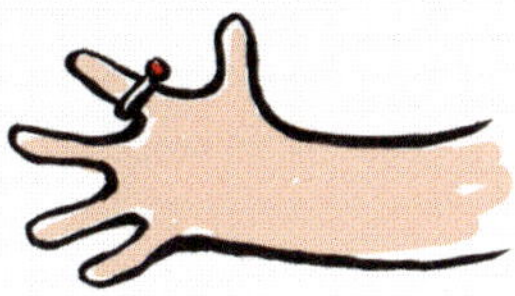

la main
die Hand

La main a cinq doigts.
Die Hand hat fünf Finger.

la mairie
das Rathaus

À côté de la mairie, il y a un café.
Neben dem Rathaus gibt es ein Café.

mais
aber

J'aimerais bien venir avec vous mais je suis malade.
Ich möchte gerne mit euch kommen, aber ich bin krank.

le maïs
der Mais

Avec le maïs on peut faire du pop-corn.
Aus Mais kann man Popcorn machen.

la maison
das Haus

C'est une vieille maison.
Das ist ein altes Haus.

malade
krank

Mia est malade. Elle a de la fièvre.
Mia ist krank. Sie hat Fieber.

la maman
Mama

J'aime ma maman.
Ich habe meine Mama lieb.

manger
essen

Lisa et Susie mangent à la cantine.
Lisa und Susie essen in der Kantine.

le manteau
der Mantel

Le clown porte un grand manteau.
Der Clown hat einen großen Mantel an.

le marché
der Markt

Devant la mairie, il y a un marché.
Vor dem Rathaus gibt es einen Markt.

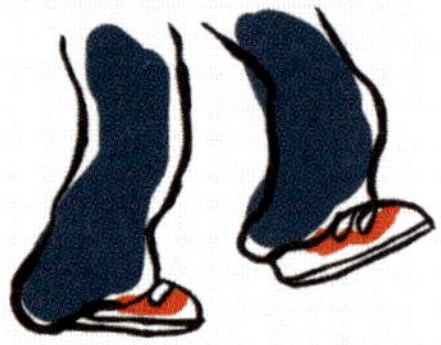

marcher
laufen, gehen, wandern

On marche beaucoup.
Wir laufen viel.

marcher à quatre pattes
krabbeln

Le bébé marche à quatre pattes dans le sable.
Das Baby krabbelt im Sand.

---

mardi
der Dienstag

Le mardi est le deuxième jour de la semaine.
Dienstag ist der zweite Tag der Woche.

le mari
der Ehemann

Monsieur Durand est le mari de madame Durand.
Herr Durand ist der Ehemann von Frau Durand.

marron
braun

J'ai les yeux marron.
Ich habe braune Augen.

mars
der März

En mars fleurissent les jonquilles.
Im März blühen die Osterglocken.

les maths (mathé-matiques) (f)
Mathematik

La matière préférée de Lisa, c'est les maths.
Mathematik ist Lisas Lieblingsfach.

la matière
das Fach

Le lundi en troisième heure, Ben a quelle matière ?
Welches Fach hat Ben am Montag in der dritten Stunde?

le matin
der Morgen, der Vormittag

Le soleil se lève tôt le matin.
Am frühen Morgen geht die Sonne auf.

mauvais, mauvaise
schlecht

Il fait mauvais temps.
Es ist schlechtes Wetter.

méchant, méchante
böse

Dans les contes, il y a des gentilles fées et des méchantes fées.
Im Märchen gibt es gute und böse Feen.

le médecin, la médecin
der Arzt, die Ärztin

Le médecin fait un bandage au pied.
Der Arzt macht einen Verband um den Fuß.

le médicament
die Medizin, das Medikament

À la pharmacie, on vend des médicaments.
In der Apotheke gibt es Medikamente.

la méduse
die Qualle

Les méduses sont des animaux marins visqueux.
Quallen sind glibberige Meerestiere.

meilleur, meilleure
bester, beste

Susie est la meilleure amie de Lisa.
Susie ist Lisas beste Freundin.

le melon
die Melone

Le melon est gros et juteux.
Die Melone ist groß und saftig.

le menton
das Kinn

Papi a une nouille au menton.
Opa hat eine Nudel am Kinn.

la mer
das Meer

Nous habitons dans une maison de vacances en bord de mer.
Wir wohnen in einem Ferienhaus am Meer.

merci
danke

Merci pour ta carte postale.
Danke für deine Postkarte.

merci beaucoup
vielen Dank

Merci beaucoup ! Cela m'a fait plaisir.
Vielen Dank! Das hat mir Freude gemacht.

mercredi
der Mittwoch

Le mercredi est le troisième jour de la semaine.
Mittwoch ist der dritte Tag der Woche.

la mère
die Mutter

Mamie est la mère de papa.
Oma ist Papas Mutter.

mes
meine

Mes parents ne sont pas à la maison.
Meine Eltern sind nicht zuhause.

mettre
stellen, legen, setzen

Papa met la casserole sur la cuisinière.
Papa stellt den Topf auf den Herd.

le micro-ondes
die Mikrowelle

La soupe est dans le micro-ondes.
Die Suppe steht in der Mikrowelle.

le midi
mittags

Le midi, nous mangeons à la cantine.
Mittags essen wir in der Kantine.

le miel
der Honig

J'aime les toasts au miel pour le petit-déjeuner.
Ich mag Toastbrot mit Honig zum Frühstück.

mieux
besser

Tu vas mieux ?
Geht es dir besser?

mignon, mignonne
niedlich, süß

Les petits poussins sont mignons.
Kleine Küken sind niedlich.

mince
dünn

Cet homme est très mince.
Der Mann ist sehr dünn.

minuit
die Mitternacht

Il est minuit !
Es ist Mitternacht!

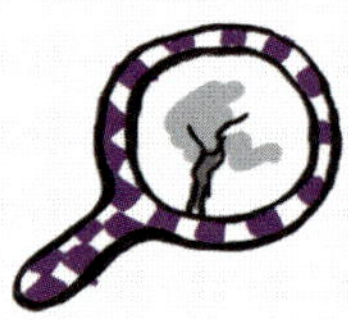

le miroir
der Spiegel

Le miroir est fêlé.
Der Spiegel hat einen Sprung.

moi
ich (betont)

Moi, je me sens triste.
Ich fühle mich traurig.

le mois
der Monat

L'année a douze mois.
Das Jahr hat zwölf Monate.

la momie
die Mumie

Au musée, on peut voir une momie.
Im Museum kann man eine Mumie sehen.

mon
mein, meine

Rends-moi mon portable !
Gib mir mein Handy zurück!

Monsieur (m)
Herr

Monsieur Martin ferme la porte à clé.
Herr Martin schließt die Tür ab.

le monstre
das Monster

Tim a peur des monstres.
Tim hat Angst vor Monstern.

la montagne
der Berg

Aujourd'hui, nous faisons une randonnée en montagne.
Wir wandern heute in die Berge.

monter (à cheval)
reiten

Lisa sait monter à cheval.
Lisa kann auf einem Pferd reiten.

monter (dans)
einsteigen (in)

Les enfants montent dans le bus scolaire.
Die Kinder steigen in den Schulbus ein.

la montre
die Armbanduhr

La montre est neuve.
Die Armbanduhr ist neu.

le morceau
das Stück

Veux-tu un morceau de gâteau ?
Möchtest du ein Stück Kuchen?

mordre
beißen

Sam mord dans l'os.
Sam beißt in den Knochen.

M

le mot
das Wort

Je cherche les mots difficiles dans le dictionnaire.
Die schwierigen Wörter suche ich im Wörterbuch.

la moto
das Motorrad

La moto est bruyante.
Das Motorrad ist laut.

mou, molle
weich

Le canapé est mou.
Das Sofa ist weich.

la mouche
die Fliege

La mouche m'énerve.
Die Fliege geht mir auf die Nerven.

la mouette
die Möwe

La mouette vole au-dessus de la mer.
Die Möwe fliegt über das Meer.

mouillé, mouillée
nass

Les chaussures sont mouillées parce qu'il pleut.
Die Schuhe sind nass, weil es regnet.

la mousse au chocolat
die Mousse au chocolat

J'adore la mousse au chocolat.
Ich liebe Mousse au chocolat.

la moustache
der Schnurrbart

Le garçon a une moustache.
Der Kellner hat einen Schnurrbart.

le mouton
das Schaf

Le mouton a combien d'agneaux ?
Wie viele Lämmer hat das Schaf?

le mur
die Wand

Au mur, il y a un poster de Tarzan.
An der Wand hängt ein Tarzan-Poster.

le musée
das Museum

Au musée, il y a beaucoup de tableaux.
Im Museum gibt es viele Bilder.

la musique
die Musik

Nous faisons de la musique !
Wir machen Musik!

N
O

nager
schwimmen

Tim apprend à nager.
Tim lernt schwimmen.

le navire
das Schiff

Le navire s’appelle « mouette ».
Das Schiff heißt „Seemöwe“.

ne ... plus
nicht ... mehr

Je n’ai plus d’argent.
Ich habe kein Geld mehr.

la neige
der Schnee

La neige est si blanche qu’elle nous éblouit.
Der Schnee ist so weiß, dass er uns blendet.

neiger
schneien

Il neige !
Es schneit!

9

neuf
neun

neuf, neuve
neu

Tante Lilly a des chaussures neuves.
Tante Lilly hat neue Schuhe.

le nez
die Nase

Le renne Rodolphe a un nez rouge.
Das Rentier Rudolf hat eine rote Nase.

le nid
das Nest

Dans le nid, il y a trois oiseaux.
Im Nest sitzen drei Vögel.

Noël
Weihnachten

Mamie et papi viennent à Noël.
Zu Weihnachten kommen Oma und Opa.

noir, noire
schwarz

Le chat est noir.
Die Katze ist schwarz.

le nom
der Name

Quel est votre nom ?
Wie lautet Ihr Name?

le nombre
die Zahl

Quels nombres vois-tu ?
Welche Zahlen siehst du?

notre
unser, unsere

Notre chien s'appelle Sam.
Unser Hund heißt Sam.

le nounours
der Teddybär

Le nounours a un bouton à l'oreille.
Der Teddybär hat einen Knopf im Ohr.

la nourriture
die Lebensmittel

Mamie achète sa nourriture bio au supermaché.
Oma kauft ihre Bio-Lebensmittel im Supermarkt.

nous
wir

Nous sommes enfin en vacances !
Wir haben endlich Ferien!

novembre
der November

En novembre, il y a souvent du brouillard.
Im November gibt es oft Nebel.

le nuage
die Wolke

Les nuages ressemblent à des moutons.
Die Wolken sehen aus wie Schafe.

nuageux, nuageuse
bewölkt

Le ciel est nuageux.
Der Himmel ist bewölkt.

la nuit
die Nacht

La nuit, les grenouilles coassent.
In der Nacht quaken die Frösche.

observer
beobachten

Ben observe un chevreuil.
Ben beobachtet ein Reh.

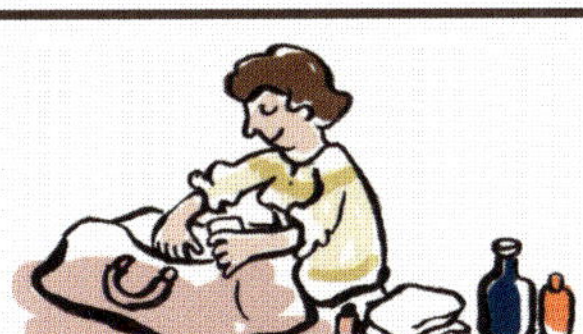

occupé, occupée
beschäftigt

Maman est occupée à faire les bagages.
Mama ist mit Packen beschäftigt.

octobre
der Oktober

Le 31 octobre, nous fêtons Halloween.
Am 31. Oktober feiern wir Halloween.

l'odeur (f)
der Duft

C'est quoi comme odeur ?
Was ist das für ein Duft?

l'œil (m), les yeux (m)
das Auge, die Augen

Le chat a les yeux verts.
Die Katze hat grüne Augen.

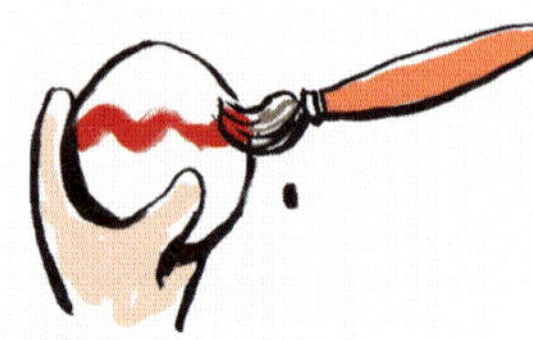

l'oeuf (m)
das Ei

Pour Pâques, on peint des œufs.
Zu Ostern malen wir Eier an.

offrir
schenken

Mia offre une image à Lisa.
Mia schenkt Lisa ein Bild.

l'oignon (m)
die Zwiebel

Papa n'aime pas couper les oignons.
Papa schneidet nicht gerne Zwiebeln.

l'oiseau (m)
der Vogel

L'oiseau donne à manger aux petits.
Der Vogel füttert die Jungen.

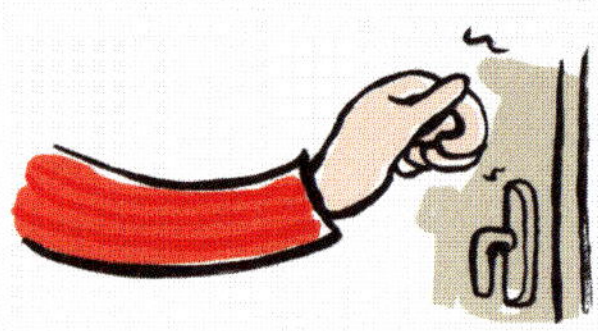

on
man, wir

On frappe à la porte.
Jemand klopft an der Tür.

l'oncle (m)
der Onkel

L'oncle Albert est le père de Tim et Mia.
Onkel Albert ist der Vater von Tim und Mia.

11

onze
elf

l'orage (m)
das Gewitter

L'orage arrive avec l'éclair et le tonnerre.
Das Gewitter kommt mit Blitz und Donner.

orange
orange

Quels fruits sont orange ?
Welches Obst ist orange?

l'orange (f)
die Orange

Je voudrais trois oranges et deux pommes, s'il vous plaît.
Ich hätte bitte gerne drei Orangen und zwei Äpfel.

l'ordinateur (m)
der Computer

L'ordinateur se trouve dans le bureau.
Der Computer ist im Arbeitszimmer.

l'ordinateur portable (m)
der Laptop

L'ordinateur portable est sur le bureau.
Der Laptop steht auf dem Schreibtisch.

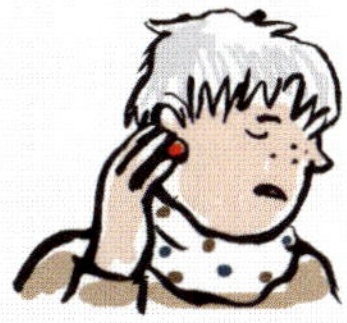

l'oreille (f)
das Ohr

Mamie a mal à l'oreille.
Oma tut das Ohr weh.

l'oreiller (m)
das Kopfkissen

L'oreiller est bien mou !
Das Kopfkissen ist schön weich!

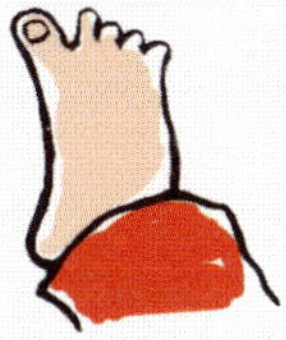

l'orteil (m)
der Zeh

Tim peut bouger son orteil.
Tim kann mit dem Zeh wackeln.

ou
oder

Tu préfères les fraises ou les framboises ?
Magst du lieber Erdbeeren oder Himbeeren?

où
wo

Où habite ta mamie ?
Wo wohnt deine Oma?

oublier
vergessen

J'ai oublié mes devoirs.
Ich habe meine Hausaufgaben vergessen.

l'ours (m)
der Bär

Les ours aiment le miel.
Bären lieben Honig.

l'ours polaire (m)
der Eisbär

L'ours polaire vit au pôle Nord.
Der Eisbär lebt am Nordpol.

ouvert, ouverte
geöffnet

La fenêtre est ouverte.
Das Fenster ist geöffnet.

ouvrir
aufmachen, öffnen

Il fait froid dehors. N'ouvre pas la fenêtre !
Draußen ist es kalt. Mach das Fenster nicht auf!

P

la page
die Seite

Ouvrez votre livre à la page 10, s'il vous plaît !
Öffnet bitte euer Buch auf Seite 10!

le pain
das Brot

Le boulanger fait du pain frais chaque matin.
Der Bäcker backt jeden Morgen frisches Brot.

le panda
der Panda

Les pandas vivent en Chine.
Pandas leben in China.

le panier
der Korb

Le chat dort dans son panier.
Die Katze schläft im Korb.

le pansement
das Pflaster

J'ai besoin d'un pansement ! Mon doigt saigne.
Ich brauche ein Pflaster! Mein Finger blutet.

le pantalon
die Hose

Le pantalon est déchiré au genou.
Die Hose ist am Knie zerrissen.

le papa
der Papa

Papa ricane.
Papa grinst.

le papier
das Papier

Le bateau est en papier.
Das Schiff ist aus Papier.

le papier toilette
das Toiletten-papier

Le bébé joue avec le papier toilette.
Das Baby spielt mit dem Toilettenpapier.

le papillon
der Schmetterling

Le papillon est bleu et rouge.
Der Schmetterling ist blau und rot.

Pâques
Ostern

À Pâques, beaucoup de gens vont à l'église.
Zu Ostern gehen viele Leute in die Kirche.

le parapluie
der Regenschirm

Prends ton parapluie !
Nimm den Regenschirm mit!

le parc
der Park

Le parc est un immense jardin.
Der Park ist ein riesiger Garten.

parce que
weil

Mia ne peut pas venir parce qu'elle est malade.
Mia kann nicht mitkommen, weil sie krank ist.

Pardon?
Wie bitte?

Pardon ? Je n'ai pas compris.
Wie bitte? Ich habe das nicht verstanden.

les parents (m)
die Eltern

Les parents de Ben et Lisa s'appellent Marie et Paul.
Bens und Lisas Eltern heißen Marie und Paul.

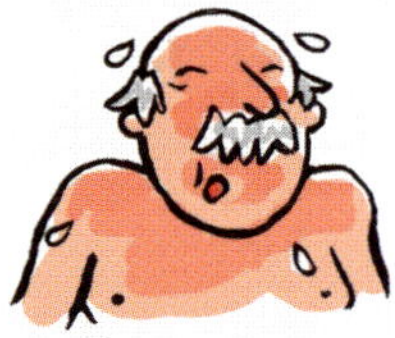

parfois
manchmal

Papi va parfois au sauna.
Opa geht manchmal in die Sauna.

parler
sprechen

Est-ce que tu pourrais parler plus lentement, s'il te plaît ?
Könntest du bitte langsamer sprechen.

partout
überall

Ici, il y a des moustiques partout !
Hier sind überall Mücken!

le passage piéton
der Zebrastreifen

Le passage piéton est un passage protégé.
Der Zebrastreifen ist ein sicherer Straßenübergang.

passer
durchqueren, durchfahren

La voiture passe par le tunnel.
Das Auto fährt durch den Tunnel.

le passe-temps
das Hobby

Le passe-temps de maman, c'est le tango.
Mamas Hobby ist Tango tanzen.

la pastèque
die Wassermelone

La pastèque est grosse et juteuse.
Die Wassermelone ist dick und saftig.

patiner
Schlittschuh laufen

À la patinoire, on peut patiner.
Auf der Eisbahn können wir Schlittschuh laufen.

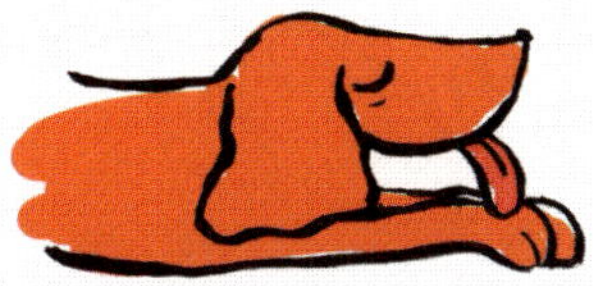

la patte
die Pfote

Sam lèche sa patte.
Sam leckt seine Pfote.

pauvre
arm

Les gens qui n'ont pas d'argent sont pauvres.
Leute, die kein Geld haben, sind arm.

payer
zahlen

Nous payons à la caisse.
Wir zahlen an der Kasse.

---

la peau
die Haut

Le soleil bronze ta peau.
Die Sonne bräunt deine Haut.

pêcher
fangen, angeln

Papi a pêché une vieille chaussure.
Opa hat einen alten Schuh geangelt.

le peigne
der Kamm

Lisa joue du peigne.
Lisa spielt auf einem Kamm.

---

peigner
kämmen

Papa se peigne.
Papa kämmt sich.

peindre
malen

Mia aime peindre au pinceau.
Mia malt gerne mit dem Pinsel.

la pendule
die Uhr

La pendule indique 6h30.
Die Uhr zeigt 6:30 Uhr.

penser à
an etwas denken

À quoi penses-tu ?
Woran denkst du?

perdre
verlieren

Le pneu perd de l'air.
Der Reifen verliert Luft.

le père
der Vater

Papi est le père de papa.
Opa ist Papas Vater.

le Père Noël
der Weihnachtsmann

Le Père Noël a une longue barbe.
Der Weihnachtsmann hat einen langen Bart.

le perroquet
der Papagei

Le perroquet sait parler.
Der Papagei kann sprechen.

peser
wiegen

Sam pèse 24 kilos.
Sam wiegt 24 Kilogramm.

petit, petite
klein

Tim est plus petit que Mia.
Tim ist kleiner als Mia.

le petit
das Junge eines Tieres

Les oiseaux donnent à manger à leurs petits.
Die Vögel füttern die Jungen.

le petit déjeuner
das Frühstück

Au petit-déjeuner, il y a des croissants et du miel.
Zum Frühstück gibt es Croissants und Honig.

peut-être
vielleicht

Je deviendrai peut-être un scientifique un jour.
Vielleicht werde ich mal Wissenschaftler.

le phare
der Leuchtturm

Le phare a une lumière verte.
Der Leuchtturm hat ein grünes Licht.

la pharmacie
die Apotheke

Devant la pharmacie, il y a une fontaine.
Vor der Apotheke steht ein Brunnen.

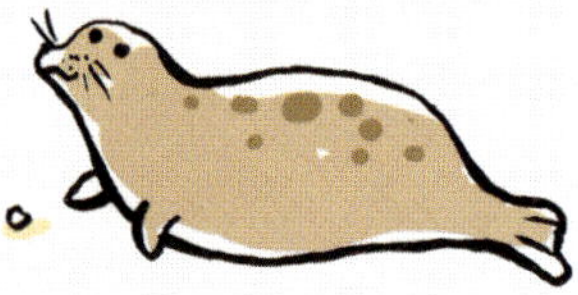

le phoque
der Seehund

Le phoque a de grands yeux.
Der Seehund hat große Augen.

la photo
das Foto

On voit un bébé sur la photo.
Das Foto zeigt ein Baby.

photographier
fotografieren

Maman préfère photographier les oiseaux.
Mama fotografiert am liebsten Vögel.

le piano
das Klavier

Mamie joue du piano.
Oma spielt Klavier.

la pièce
das Zimmer

L'appartement a quatre pièces.
Die Wohnung hat vier Zimmer.

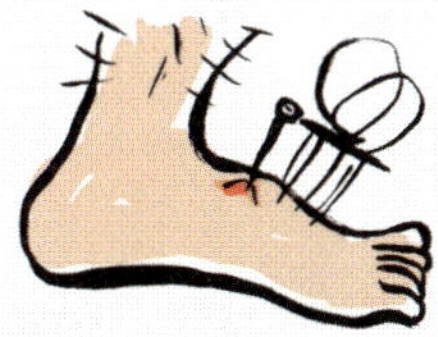

le pied
der Fuß

Un moustique pique le pied de Ben.
Eine Mücke sticht in Bens Fuß.

la pierre
der Stein

La pierre a un trou.
Der Stein hat ein Loch.

le piéton, la piétonne
der Fußgänger, die Fußgängerin

C'est un feu pour piétons.
Das ist eine Ampel für Fußgänger.

le pilote
der Pilot

Carl est pilote.
Carl ist Pilot.

le pinceau
der Pinsel

J'ai besoin d'un gros pinceau.
Ich brauche einen dicken Pinsel.

le pingouin
der Pinguin

Les pingouins vivent au pôle Sud.
Pinguine leben am Südpol.

le pique-nique
das Picknick

Le pique-nique a lieu dans le parc.
Das Picknick findet im Park statt.

le pirate
der Pirat

Les pirates sont des brigands des mers.
Piraten sind Seeräuber.

la piscine
das Schwimmbad

C'est une piscine pour bébé.
Das ist ein Baby-Schwimmbad.

la pizza
die Pizza

Tu veux une pizza au salami ?
Magst du Salami-Pizza?

le placard
der Schrank

Les tasses sont dans le placard.
Die Tassen sind im Schrank.

la plage
der Strand

Sur la plage, il y a deux palmiers.
Am Strand stehen zwei Palmen.

la planche de surf
das Surfbrett

Susie est debout sur la planche de surf.
Susie steht auf dem Surfbrett.

plein, pleine
voll

Le verre est plein.
Das Glas ist voll.

pleurer
weinen

Tim pleure parce qu'il est tombé.
Tim weint, weil er hingefallen ist.

pleuvoir
regnen

Il pleut déjà depuis trois heures.
Es regnet schon seit drei Stunden.

P

le plongeon
der Kopfsprung

Ben fait un plongeon.
Ben macht einen Kopfsprung.

plonger
tauchen

Papi plonge avec ses lunettes de plongée.
Opa taucht mit der Taucherbrille.

la pluie
der Regen

La pluie tombe sur la casquette de papi.
Der Regen tropft auf Opas Kappe.

la poire
die Birne

Dans la poire, il y a un ver.
In der Birne ist ein Wurm.

le poisson
der Fisch

Le poisson a une grande bouche.
Der Fisch hat ein großes Maul.

le poivre
der Pfeffer

Je peux avoir le poivre, s'il te plaît ?
Darf ich bitte mal den Pfeffer haben?

le poivron
die Paprikaschote

Les poivrons sont rouges et verts.
Die Paprikaschoten sind rot und grün.

la pomme
der Apfel

Mia croque dans la pomme.
Mia beißt in den Apfel.

la pomme de terre
die Kartoffel

Le fermier récolte les pommes de terre.
Der Bauer erntet die Kartoffeln.

le pont
die Brücke

La voiture rouge passe sur le pont.
Das rote Auto fährt über die Brücke.

la porte
die Tür

La sonnette est à côté de la porte.
Die Klingel ist neben der Tür.

le porte-monnaie
der Geldbeutel

L'argent est dans le porte-monnaie.
Das Geld ist im Geldbeutel.

porter
tragen

Papa porte le sac à provisions.
Papa trägt die Einkaufstüte.

la poste
das Postamt

Papa amène un paquet à la poste.
Papa bringt ein Paket zur Post.

le poster
das Poster

On voit Tarzan sur le poster.
Das Poster zeigt Tarzan.

P

la poubelle
der Mülleimer

La poubelle est pleine.
Der Mülleimer ist voll.

le pouce
der Daumen

Le bébé suce son pouce.
Das Baby lutscht am Daumen.

la poule
das Huhn

La poule a cinq poussins.
Das Huhn hat fünf Küken.

P

le poulet
das Hühnchen

Au pique-nique, il y a du poulet.
Zum Picknick gibt es Hühnchen.

la poupée
die Puppe

Que fait Mia avec sa poupée ?
Was macht Mia mit ihrer Puppe?

pour
für

Ce cadeau est pour toi !
Das Geschenk ist für dich!

pourquoi
warum

Pourquoi es-tu triste ?
Warum bist du traurig?

pousser
schieben

La femme pousse le landau.
Die Frau schiebt den Kinderwagen.

le poussin
das Küken

Ces poussins sont mignons !
Die Küken sind süß!

pouvoir
können

Je peux vous aider ?
Kann ich euch helfen?

préféré, préférée
Lieblings-

Ma robe préférée est rose.
Mein Lieblingskleid ist pink.

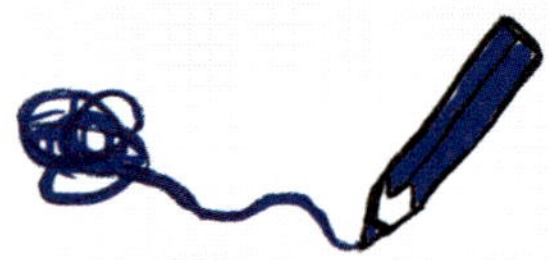

préférer
lieber mögen

Je préfère le bleu.
Ich mag lieber blau.

premier, première
erste, erster, erstes

En première heure, nous avons sport.
In der ersten Stunde haben wir Sport.

prendre
nehmen

Ben prend un steak du barbecue.
Ben nimmt sich ein Steak vom Grill.

prendre un bain
baden, ein Bad nehmen

Henri prend un bain.
Henri nimmt ein Bad.

prendre une douche
duschen

Lisa prend une douche chaque matin.
Lisa duscht jeden Morgen.

près (de)
nahe (bei), in der Nähe (von)

Près de notre école, il y a une boulangerie.
In der Nähe unserer Schule ist eine Bäckerei.

prêt, prête
bereit

Vous êtes prêts ?
Seid ihr bereit?

le prince, la princesse
der Prinz, die Prinzessin

Le prince était méchant.
Der Prinz war böse.

le printemps
der Frühling

Au printemps, les pâquerettes fleurissent.
Im Frühling blühen die Gänseblümchen.

le prix
der Preis

Le prix est marqué sur l'étiquette.
Der Preis steht auf dem Preisschild.

le problème
das Problem

Papi a un problème parce que ses lunettes sont cassées.
Opa hat ein Problem, weil seine Brille kaputt ist.

le prochain, la prochaine
der Nächste, die Nächste

Le prochain, s'il vous plaît ?
Wer ist der Nächste, bitte?

le prof, la prof (professeur)
der Lehrer, die Lehrerin

Monsieur Abraham est notre professeur de sport.
Herr Abraham ist unser Sportlehrer.

P

propre
sauber

La salle de bain est bien propre.
Das Badezimmer ist schön sauber.

le pull
der Pullover

Je mets mon pull parce que j'ai froid.
Ich ziehe meinen Pullover an, weil ich friere.

le pyjama
der Pyjama, der Schlafanzug

Ce pyjama appartient à papa.
Der Schlafanzug gehört Papa.

Q
R

quand
wann, wenn, als

Quand rentres-tu à la maison ?
Wann kommst du nach Hause?

40

quarante
vierzig

14

quatorze
vierzehn

4

quatre
vier

80

quatre-vingt
achtzig

90

quatre-vingt-dix
neunzig

que
was

Que devons-nous faire ?
Was sollen wir machen?

quel, quelle
welcher, welche, welches

Quel sac est à toi ?
Welche Tasche ist von dir?

quelque chose
etwas

Il y a quelque chose à manger ?
Gibt es etwas zu essen?

qu'est-ce que
was

Qu'est-ce que tu as dit ?
Was hast du gesagt?

la question
die Frage

Peux-tu répéter ta question ?
Kannst du deine Frage wiederholen?

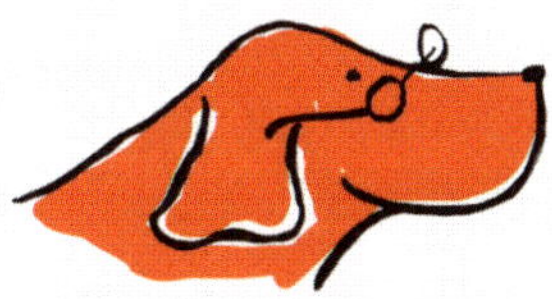

qui
wer

Qui a vu les lunettes de papi ?
Wer hat Opas Brille gesehen?

15

quinze
fünfzehn

raconter
erzählen

Papi nous raconte une histoire.
Opa erzählt uns eine Geschichte.

la radio
das Radio

À la radio, il y a une émission pour enfants.
Im Radio gibt es eine Kindersendung.

le raisin
die Traube

Il y a du raisin rouge et du raisin vert.
Es gibt rote und grüne Trauben.

ramasser
aufheben

Tu peux ramasser les ordures, s'il te plaît ?
Kannst du bitte den Müll aufheben!

ranger
aufräumen

Je dois ranger ma chambre aujourd'hui.
Ich muss heute mein Zimmer aufräumen.

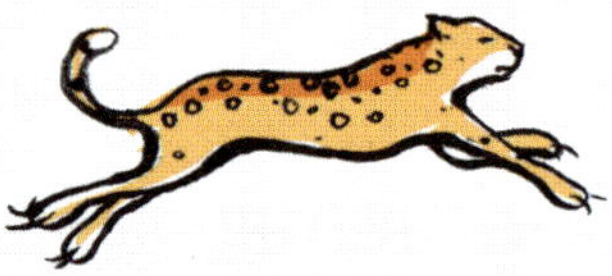

rapide
schnell

Le guépard est l'animal terrestre le plus rapide.
Der Gepard ist das schnellste Landtier.

recevoir
bekommen

Ben reçoit son bulletin aujourd'hui.
Ben bekommt heute sein Zeugnis.

la récré (récréation)
die Pause

À la récréation, je mange mon casse-croûte.
In der Pause esse ich mein Brot.

regarder
sehen, ansehen

Regardez cette image ! Qu'est-ce que vous voyez ?
Seht euch das Bild an! Was könnt ihr sehen?

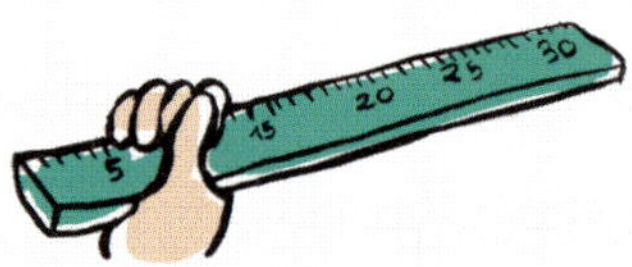

la règle
das Lineal

La règle fait 30 cm de long.
Das Lineal ist 30 cm lang.

la reine
die Königin

Les abeilles ont une reine.
Die Bienen haben eine Königin.

se réjouir de
sich freuen auf

Je me réjouis des vacances.
Ich freue mich auf die Ferien.

le renard
der Fuchs

Le renard a une belle queue touffue.
Der Fuchs hat einen schönen buschigen Schwanz.

la réponse
die Antwort

Est-ce que tu connais la réponse ?
Weißt du die Antwort?

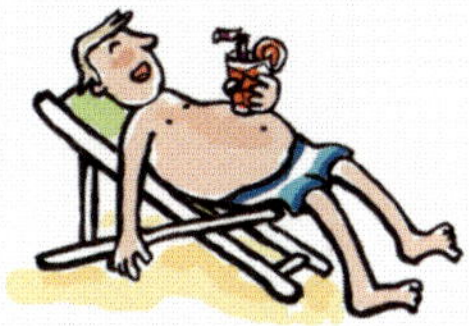

se reposer
sich ausruhen

Papa se repose sur la chaise longue.
Papa ruht sich im Liegestuhl aus.

le requin
der Hai

Vite, sortez de l'eau ! Il y a un requin !
Schnell, kommt aus dem Wasser! Da ist ein Hai!

le restaurant
das Restaurant

C'est le restaurant préféré de maman.
Das ist Mamas Lieblingsrestaurant.

rester
bleiben

Ben reste à la maison parce qu'il est malade.
Ben bleibt heute zu Hause, weil er krank ist.

réveiller
jemanden wecken, aufwecken

On réveille Lisa à 6 heures.
Lisa wird um 6 Uhr geweckt.

le réveillon du Nouvel-An
Silvester

Au réveillon du Nouvel-An, il y a un feu d'artifice.
Silvester gibt es ein Feuerwerk.

rêver
träumen

Ben rêve de petits monstres.
Ben träumt von kleinen Monstern.

le rhume
die Erkältung

Carl a un rhume.
Carl hat eine Erkältung.

riche
reich

Celui qui a beaucoup d'argent est riche.
Wer viel Geld hat, ist reich.

QR

rien
nichts

Il n'y a rien dans la caisse. Elle est vide.
Da ist nichts in der Kiste. Sie ist leer.

rire
lachen

Ben rit d'un film drôle.
Ben lacht über einen lustigen Film.

la rivière
der Fluss

Au bord de la rivière est assis un pêcheur.
Am Fluss sitzt ein Angler.

---

le riz
der Reis

Mia verse le riz dans l'eau.
Mia schüttet den Reis in das Wasser.

la robe
das Kleid

La robe est à pois rouges.
Das Kleid hat rote Punkte.

le robinet
der Wasserhahn

Le robinet coule.
Der Wasserhahn tropft.

le rocher
der Felsen

Ben est debout sur le rocher.
Ben steht auf dem Felsen.

le roi
der König

Le lion est le roi des animaux.
Der Löwe ist der König der Tiere.

rose
rosa

Mia adore son tee-shirt rose.
Mia liebt ihr rosa T-Shirt.

la rose
die Rose

Devant la maison, les roses fleurissent.
Vor dem Haus blühen die Rosen.

rouge
rot

Maman a des lèvres rouges.
Mama hat rote Lippen.

la rue
die Straße

Dans la rue, il y a un camion.
Auf der Straße steht ein Lastwagen.

S

le sable
der Sand

Le bébé marche à quatre pattes dans le sable.
Das Baby krabbelt im Sand.

le sac à dos
der Rucksack

Je préfère porter un sac à dos plutôt qu'un sac.
Ich trage lieber einen Rucksack als eine Tasche.

le sac à main
die Handtasche

Dans le sac à main, il y a un miroir.
In der Handtasche ist ein Spiegel.

S

le sac à provisions
die Einkaufstüte

Je porte le sac à provisions.
Ich trage die Einkaufstüte.

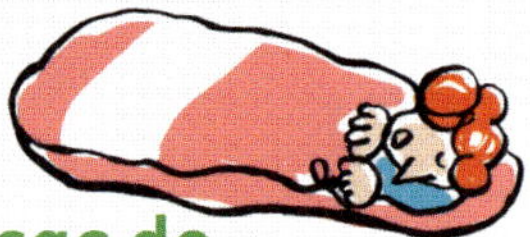

le sac de couchage
der Schlafsack

Aujourd'hui, nous dormons dans un sac de couchage.
Wir schlafen heute im Schlafsack.

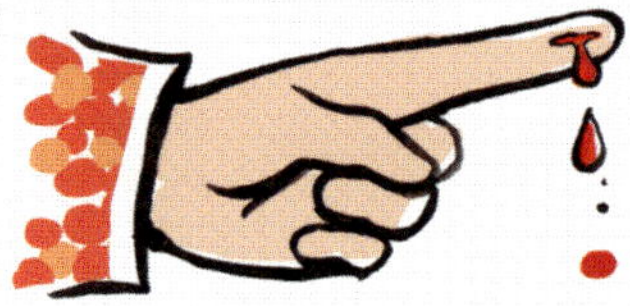

saigner
bluten

Aïe ! Mon doigt saigne.
Au! Mein Finger blutet.

sain, saine
gesund

Les légumes sont sains.
Gemüse ist gesund.

la saison
die Jahreszeit

L'année a quatre saisons.
Das Jahr hat vier Jahreszeiten.

la salade
der Salat

Mamie fait une salade de tomates.
Oma macht einen Tomatensalat.

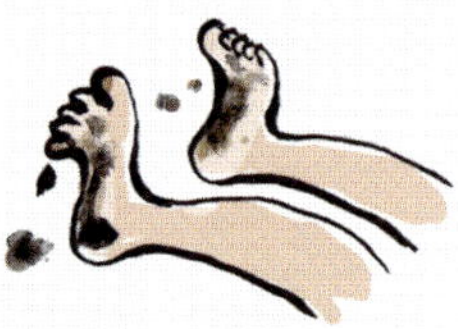

sale
schmutzig

Henri a les pieds sales.
Henri hat schmutzige Füße.

la salle à manger
das Esszimmer

Dans la salle à manger, il y a une grande table.
Im Esszimmer steht ein großer Tisch.

la salle de bains
das Badezimmer

Qui est dans la salle de bains ?
Wer ist im Badezimmer?

la salle de classe
das Klassen-
zimmer

Notre salle de classe a trois fenêtres.
Unser Klassenzimmer hat drei Fenster.

la salle de séjour
das Wohnzimmer

La salle de séjour est au rez-de-chaussée.
Das Wohnzimmer ist im Erdgeschoss.

salut
hallo, tschüs

Salut, Tim ! D'où viens-tu, toi ?
Hallo, Tim! Wo kommst du denn her?

samedi
der Samstag

Samedi, nous allons au zoo.
Am Samstag gehen wir in den Zoo.

la sandale
die Sandale

Les sandales sont des chaussures d'été.
Sandalen sind Sommerschuhe.

le sandwich
das Sandwich

Je voudrais un sandwich au fromage.
Ich möchte ein Sandwich mit Käse.

le sang
das Blut

Les vampires aiment le sang.
Vampire lieben Blut.

le sapin de Noël
der Weihnachts-
baum

Lisa décore le sapin de Noël.
Lisa schmückt den Weihnachtsbaum.

la sauce
die Soße

Papa fait des spaghettis à la sauce tomate.
Papa kocht Spagetti mit Tomatensoße.

la saucisse
das Würstchen

Sam rêve de saucisses.
Sam träumt von Würstchen.

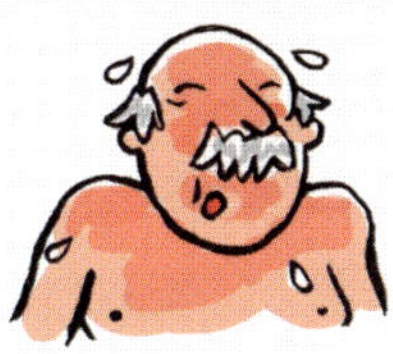

le sauna
die Sauna

Papi aime aller au sauna.
Opa geht gern in die Sauna.

sauter
hüpfen, springen

Tim saute sur une jambe.
Tim hüpft auf einem Bein.

sauter à la corde
Springseil springen

Pour sauter à la corde il faut une longue corde.
Um mit dem Springseil zu springen, braucht man ein langes Seil.

le sauveteur, la sauveteuse
der Rettungsschwimmer, die Rettungsschwimmerin

Le sauveteur surveille la plage.
Der Rettungsschwimmer beobachtet den Strand.

savoir
wissen, können

Tu sais comment on joue à ce jeu ? – Ben sait jouer de la guitare.
Weißt du, wie das Spiel geht? – Ben kann Gitarre spielen.

le savon
die Seife

Ce savon sent la pêche.
Die Seife duftet nach Pfirsich.

le saxophone
das Saxofon

Carl joue du saxophone.
Carl spielt Saxofon.

le seau
der Eimer

Le cheval boit dans le seau.
Das Pferd trinkt aus dem Eimer.

sec, sèche
trocken

La serviette est sèche.
Das Handtuch ist trocken.

sécher
trocknen

Le linge sèche au soleil.
Die Wäsche trocknet in der Sonne.

se sécher
sich trocknen

Lisa se sèche les cheveux au sèche-cheveux.
Lisa trocknet sich ihre Haare mit dem Föhn.

16

seize
sechzehn

le sel
das Salz

Il y a trop de sel dans la soupe.
Da ist zu viel Salz in der Suppe.

la semaine
die Woche

Une semaine a sept jours.
Eine Woche hat sieben Tage.

sentir
riechen

Ça sent bon !
Das riecht lecker!

se sentir bien
sich wohlfühlen

Le chat se sent bien.
Die Katze fühlt sich wohl.

se sentir mal
sich unwohl fühlen

Mia se sent mal.
Mia fühlt sich unwohl.

7

sept
sieben

septembre
der September

L'automne commence en septembre.
Im September beginnt der Herbst.

le serpent
die Schlange

Le serpent a une longue langue.
Die Schlange hat eine lange Zunge.

serré, serrée
eng

Le jeans est beaucoup trop serré pour moi !
Die Jeans ist mir viel zu eng!

la serviette
das Handtuch

La serviette est mouillée.
Das Handtuch ist nass.

la serviette de bain
das Badetuch

Sam est couché sur la serviette de bain.
Sam liegt auf dem Badetuch.

le shampoing
das Shampoo

Le shampoing sent la pêche.
Das Shampoo riecht nach Pfirsich.

le short
die Shorts, die kurze Hose

En été, j'aime porter des shorts.
Im Sommer trage ich gerne Shorts.

siffler
pfeifen

Ben sait siffler avec ses doigts.
Ben kann mit den Fingern pfeifen.

s'il te plaît
bitte

S'il te plaît, viens à mon anniversaire.
Komm bitte zu meiner Geburtstagsfeier.

s'il vous plaît
bitte

Venez manger s'il vous plaît !
Kommt bitte zum Essen!

le singe
der Affe

Le singe fait des galipettes.
Der Affe macht einen Purzelbaum.

6

six
sechs

le snowboard
das Snowboard

C'est amusant de faire du snowboard.
Es macht Spaß, mit dem Snowboard zu fahren.

la soeur
die Schwester

Mia est la soeur de Tim.
Mia ist Tims Schwester.

le soir
der Abend

Le soir, la lune brille.
Am Abend scheint der Mond.

60

soixante
sechzig

70

soixante-dix
siebzig

le sol
der Boden,
der Fußboden

Le bébé marche à quatre pattes sur le sol.
Das Baby krabbelt auf dem Boden.

le soleil
die Sonne

Le soleil se lève.
Die Sonne geht auf.

sombre
dunkel

Un nuage sombre arrive.
Da kommt eine dunkle Wolke.

sonner
klingeln

On sonne !
Es klingelt!

la sorcière
die Hexe

La sorcière prononce une formule magique.
Die Hexe spricht einen Zauberspruch.

la sortie
der Ausgang

Le cinéma a deux sorties.
Das Kino hat zwei Ausgänge.

souffler
ausblasen

Henri souffle les bougies.
Henri bläst die Kerzen aus.

la soupe
die Suppe

La soupe est trop chaude !
Die Suppe ist zu heiß!

le sourcil
die Augenbraue

Le clown hausse un sourcil.
Der Clown hebt eine Augenbraue.

sourire
lächeln

Le bébé sourit à maman.
Das Baby lächelt Mama an.

la souris
die Maus

Il y a une souris sous la voiture !
Da sitzt eine Maus unter dem Auto!

sous
unter

Le chat est sous la table.
Die Katze liegt unter dem Tisch.

les sous-vêtements (m)
die Unterwäsche

Les culottes et les maillots de corps font partie des sous-vêtements.
Zur Unterwäsche gehören Unterhose und Unterhemd.

souvent
oft

Je suis souvent allée seule faire les courses.
Ich bin oft allein zum Einkaufen gegangen.

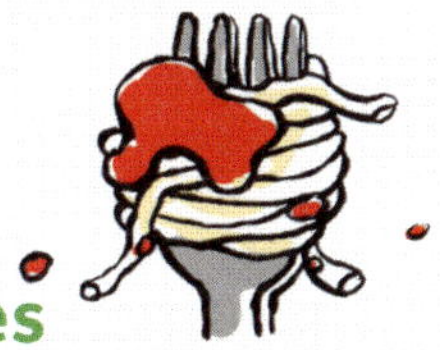

les spaghettis (m)
die Spagetti

Au dîner, il y a des spaghettis.
Zum Abendessen gibt es Spagetti.

le spectacle
die Vorstellung

Le spectacle est fini.
Die Vorstellung ist zu Ende.

le sport
der Sport

Le football est un sport formidable.
Fußball ist ein großartiger Sport.

la station de métro
der U-Bahnhof

Nous attendons le métro à la station de métro.
Wir warten am U-Bahnhof auf die U-Bahn.

la station-service
die Tankstelle

À la station-service, il y a une voiture.
An der Tankstelle steht ein Auto.

le steak
das Steak

Les steaks sont sur le barbecue.
Die Steaks liegen auf dem Grill.

le stylo
der Stift

Les stylos sont dans ma trousse.
Die Stifte sind in meinem Mäppchen.

le sucre
der Zucker

Dans le coca, il y a beaucoup de sucre.
In der Cola ist viel Zucker.

sucré, sucrée
süß

Le sucre est sucré.
Der Zucker ist süß.

le supermarché
der Supermarkt

Devant le supermarché, il y a beaucoup de voitures.
Vor dem Supermarkt stehen viele Autos.

sur
auf

Assieds-toi sur la chaise, s'il te plaît.
Setz dich bitte auf den Stuhl.

surveiller
beobachten, überwachen

Le sauveteur surveille la plage.
Der Rettungsschwimmer beobachtet den Strand.

sympa
nett

Monsieur Abraham est sympa.
Herr Abraham ist nett.

T
U

la table
der Tisch

La table a trois pieds.
Der Tisch hat drei Beine.

le tableau
die Tafel

Madame Elling est à côté du tableau.
Frau Elling steht neben der Tafel.

le taille-crayon
der Bleistift-anspitzer

Tu me prêtes ton taille-crayon, s'il te plaît ?
Kann ich mir bitte deinen Bleistiftanspitzer leihen?

le tambour
die Trommel

Tim bat le tambour.
Tim schlägt die Trommel.

la tante
die Tante

Lilly est la tante de Ben et de Lisa.
Lilly ist Bens und Lisas Tante.

le tapis
der Teppich

Sam est couché sur le tapis.
Sam liegt auf dem Teppich.

le tapis de souris
das Mauspad

La souris est sur le tapis de souris.
Die Maus ist auf dem Mauspad.

tard
spät

Aujourd'hui, je vais arriver plus tard !
Ich komme heute später!

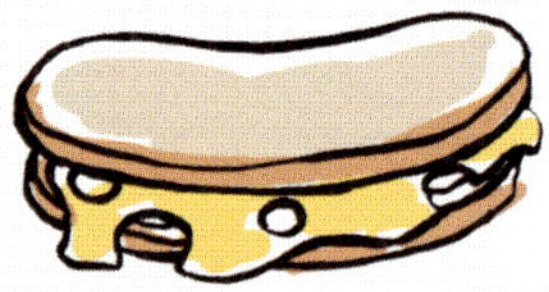

la tartine
das belegte Brot

Tu veux une tartine ?
Möchtest du ein belegtes Brot?

la tasse
die Tasse

Mamie boit une tasse de thé.
Oma trinkt eine Tasse Tee.

la taupe
der Maulwurf

La taupe creuse une taupinière.
Der Maulwurf gräbt einen Maulwurfshügel.

le taxi
das Taxi

Le taxi attend papa.
Das Taxi wartet auf Papa.

le tee-shirt
das T-Shirt

Mia essaie un nouveau tee-shirt.
Mia probiert ein neues T-Shirt an.

la télé (télévision)
der Fernseher

À la télévision, il y a une émission de sport.
Im Fernseher läuft eine Sportsendung.

le téléphone
das Telefon

Le téléphone sonne !
Das Telefon klingelt!

le téléphone portable
das Handy

Je n'ai pas encore de téléphone portable.
Ich habe noch kein Handy.

la tempête
der Sturm

La tempête courbe les arbres.
Der Sturm biegt die Bäume um.

le temps
die Zeit

J'ai beaucoup de temps pour jouer.
Ich habe viel Zeit zum Spielen.

le temps
das Wetter

Il fait mauvais temps.
Es ist schlechtes Wetter.

tenir
halten

Je voudrais bien tenir le bébé.
Ich möchte gerne das Baby halten.

le tennis
das Tennis

Lisa aime jouer au tennis.
Lisa spielt gerne Tennis.

la tente
das Zelt

Ben aime dormir sous la tente.
Ben schläft gerne im Zelt.

le terrain de jeux
der Spielplatz

C'est un terrain de jeux pour les petits.
Das ist ein Spielplatz für kleine Kinder.

la tête
der Kopf

Je me suis cogné la tête !
Ich habe mir den Kopf gestoßen!

la tétine
der Schnuller

Le bébé a une tétine dans la bouche.
Das Baby hat einen Schnuller im Mund.

le thé
der Tee

Le matin, j'aime bien boire du thé.
Morgens trinke ich gerne Tee.

le tigre
der Tiger

Le tigre a un beau pelage.
Der Tiger hat ein schönes Fell.

le timbre
die Briefmarke

Je colle un timbre sur la carte postale.
Ich klebe eine Briefmarke auf die Postkarte.

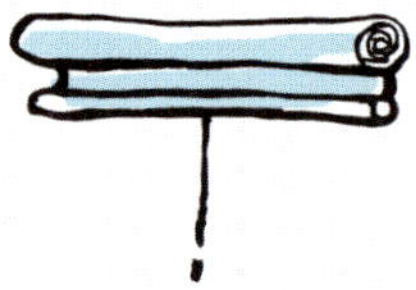

tirer
ziehen

Que se passe-t-il quand on tire sur la ficelle ?
Was passiert, wenn man an der Schnur zieht?

tisser
weben

L'araignée tisse une toile d'araignée.
Die Spinne webt ein Spinnennetz.

le toboggan
die Rutsche

Le toboggan est sur le terrain de jeux.
Die Rutsche ist auf dem Spielplatz.

toi
du (betont)

Moi, je vais au cinéma. Et toi ?
Ich gehe ins Kino. Und du?

la toile d'araignée
das Spinnennetz

La toile d'araignée est énorme !
Das Spinnennetz ist riesig!

les toilettes
die Toilette

Où se trouvent les toilettes ?
Wo finde ich die Toilette?

le toit
das Dach

Sur le toit, il y a un oiseau.
Auf dem Dach sitzt ein Vogel.

la tomate
die Tomate

Mamie fait une soupe de tomates.
Oma macht eine Tomatensuppe.

T U

tomber
hinfallen, fallen

Tim est tombé.
Tim ist hingefallen.

ton, ta
dein, deine

Est-ce ta sœur ?
Ist das deine Schwester?

la tortue
die Schildkröte

La tortue a de courtes pattes.
Die Schildkröte hat kurze Beine.

tôt
früh

Lisa se lève tôt.
Lisa steht früh auf.

toucher
berühren

Je touche l'écran tactile du bout des doigts.
Ich berühre den Touchscreen mit der Fingerspitze.

toujours
immer

Lisa lit toujours au lit.
Lisa liest immer im Bett.

tourner
abbiegen

L'ambulance tourne à droite.
Der Krankenwagen biegt rechts ab.

tous les jours
jeden Tag

Nous mangeons tous les jours à la cantine.
Wir essen jeden Tag in der Kantine.

tousser
husten

Henri tousse.
Henri hustet.

tout droit
geradeaus

Pour aller à la gare, c'est toujours tout droit.
Zum Bahnhof geht es immer geradeaus.

tout le monde
alle

Tout le monde est heureux.
Alle sind glücklich.

la toux
der Husten

Le médecin me donne un médicament pour ma toux.
Der Arzt gibt mir Medizin für meinen Husten.

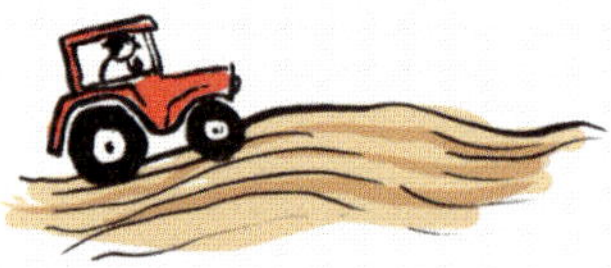

le tracteur
der Traktor

Le tracteur va dans le champ.
Der Traktor fährt auf das Feld.

le train
der Zug

Le train entre en gare.
Der Zug fährt in den Bahnhof ein.

le train fantôme
die Geisterbahn

Tim veut prendre le train fantôme.
Tim will mit der Geisterbahn fahren.

le traîneau
der Schlitten

Le traîneau descend la colline à toute vitesse.
Der Schlitten saust den Hügel herunter.

travailler
arbeiten

Maman travaille dans un bureau.
Mama arbeitet in einem Büro.

traverser
überqueren

Tim traverse la rue.
Tim überquert die Straße.

13

treize
dreizehn

30

trente
dreißig

très
sehr

Le sac est très lourd.
Die Tasche ist sehr schwer.

le triangle
das Dreieck

Un triangle a trois sommets.
Ein Dreieck hat drei Ecken.

triste
traurig

Ne sois pas triste !
Sei nicht traurig!

3

trois
drei

la trompe
der Rüssel

Les mouches ont une trompe.
Fliegen haben einen Rüssel.

se tromper
sich irren

Ben s'est trompé de chemin.
Ben hat sich im Weg geirrt.

la trompette
die Trompete

Papa joue de la trompette.
Papa spielt Trompete.

---

trop
zu viel, zu ...

J'ai trop mangé !
Ich habe zu viel gegessen!

le trottoir
der Bürgersteig

Les jeunes enfants ont le droit de faire du vélo sur le trottoir.
Kleine Kinder dürfen auf dem Bürgersteig Fahrrad fahren.

le trou
das Loch

Le ballon est tombé dans un trou.
Der Ball ist in ein Loch gefallen.

la trousse
das Mäppchen

Tous les stylos sont dans la trousse.
Alle Stifte sind im Mäppchen.

trouver
finden

Papi ne trouve pas ses lunettes.
Opa findet seine Brille nicht.

tu
du

Tu est mon grand ami.
Du bist mein bester Freund.

1

un
eins

l'uniforme (m)
die Uniform

Les policiers portent un uniforme.
Polizisten tragen Uniform.

utiliser
benutzen

Quand elle a acheté beaucoup de choses lourdes, Tante Lilly utilise l'ascenseur.
Tante Lilly benutzt den Fahrstuhl, wenn sie viele schwere Sachen eingekauft hat.

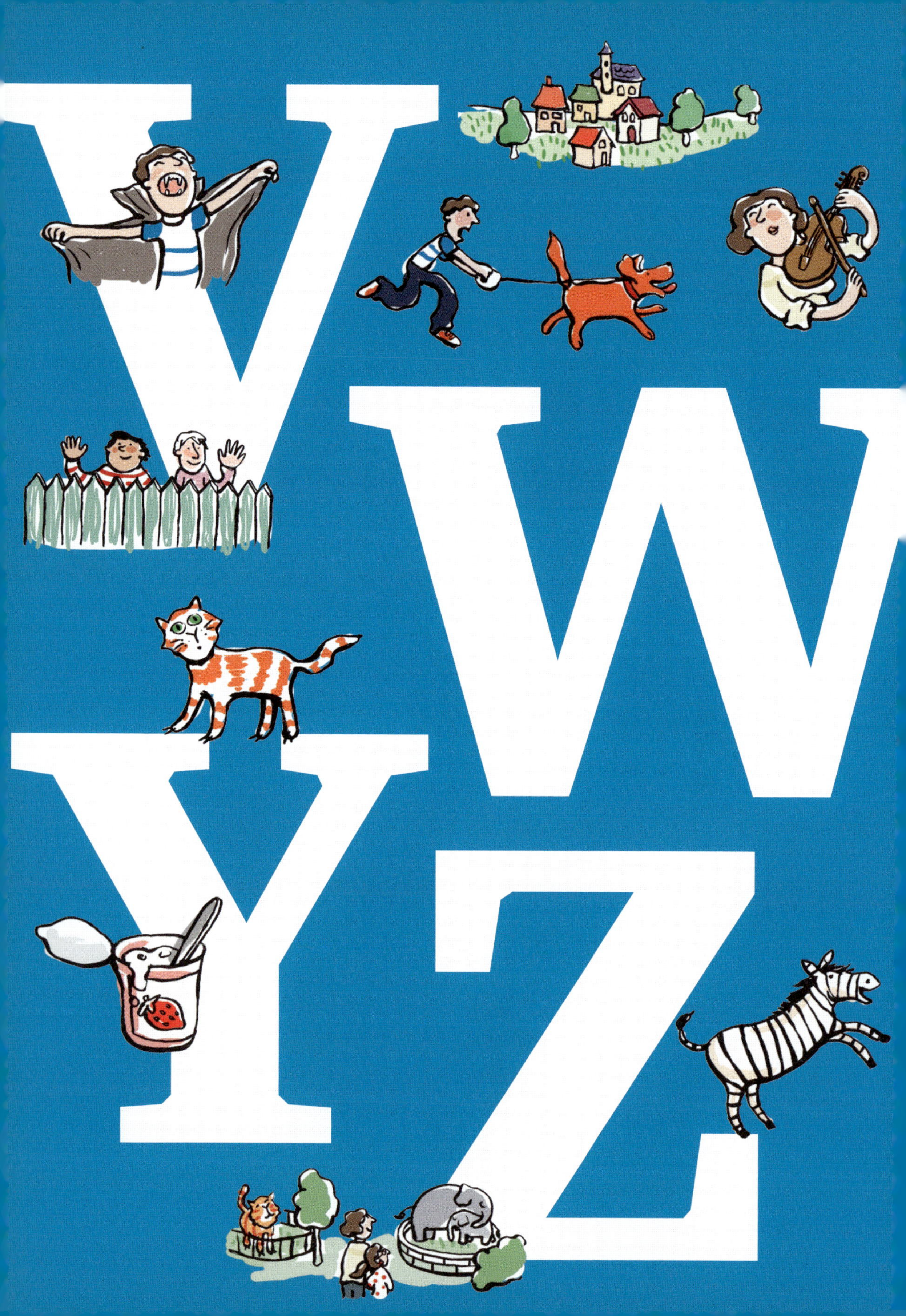
V
W
Y
Z

les vacances (f)
der Urlaub

Nous partons en vacances au bord de la mer.
Wir fahren im Urlaub ans Meer.

la vache
die Kuh

La vache est blanche et noire.
Die Kuh ist schwarz und weiß.

la valise
der Koffer

Tante Lilly fait sa valise.
Tante Lilly packt den Koffer.

le vampire
der Vampir

Ben porte un costume de vampire.
Ben trägt ein Vampirkostüm.

la veille de Noël
der Heiligabend

La veille de Noël, il y a un repas de fête.
Am Heiligabend gibt es ein Festessen.

le vélo
das Fahrrad

Le vélo est trop grand pour Tim.
Das Fahrrad ist zu groß für Tim.

le vendeur
der Verkäufer

Le vendeur montre un nounours.
Der Verkäufer zeigt einen Teddybär.

vendre
verkaufen

La femme vend des fleurs.
Die Frau verkauft Blumen.

vendredi
der Freitag

Le vendredi est le dernier jour de la semaine d'école.
Freitag ist der letzte Tag der Schulwoche.

venir
kommen

Viens-tu à la piscine avec nous ?
Kommst du mit zum Schwimmbad?

venir de
kommen aus

Carl vient de Paris.
Carl kommt aus Paris.

le vent
der Wind

Le vent souffle dans les voiles.
Der Wind bläst in die Segel.

le ventre
der Bauch

Tim a mal au ventre.
Tims Bauch tut weh.

le verre
das Glas

Un verre de limonade, s'il vous plaît !
Ein Glas Limonade, bitte.

vert, verte
grün

Les poivrons sont verts et rouges.
Die Paprikaschoten sind grün und rot.

la veste
die Jacke

La veste a quatre boutons
Die Jacke hat vier Knöpfe.

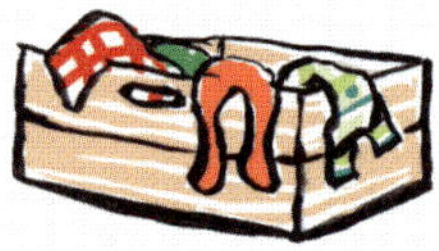

les vêtements (m)
die Kleidung

Les vieux vêtements sont dans la caisse.
Die alte Kleidung ist in der Kiste.

la viande
das Fleisch

Au supermarché, on trouve aussi de la viande.
Im Supermarkt gibt es auch Fleisch.

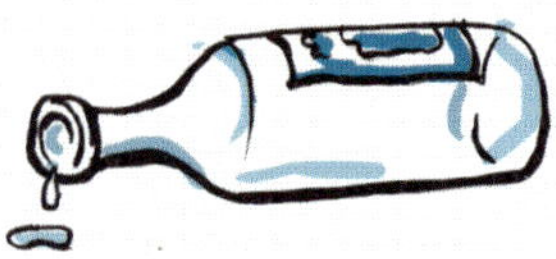

vide
leer

La bouteille est vide.
Die Flasche ist leer.

vieux, vieille
alt

C'est une vieille voiture.
Das ist ein altes Auto.

le village
das Dorf

Il y a seulement cinq maisons dans le village.
Das Dorf hat nur fünf Häuser.

la ville
die Stadt

Il y a une gare dans notre ville.
In unserer Stadt gibt es einen Bahnhof.

le vin
der Wein

Le vin est une boisson pour adultes.
Wein ist ein Getränk für Erwachsene.

20

vingt
zwanzig

violet, violette
lila

Le pull-over violet de Mia gratte.
Mias lila Pullover kratzt.

le violon
die Geige

Maman joue du violon.
Mama spielt Geige.

le visage
das Gesicht

Ben dessine un visage.
Ben malt ein Gesicht.

vite
schnell

Sam peut courir très vite.
Sam kann sehr schnell laufen.

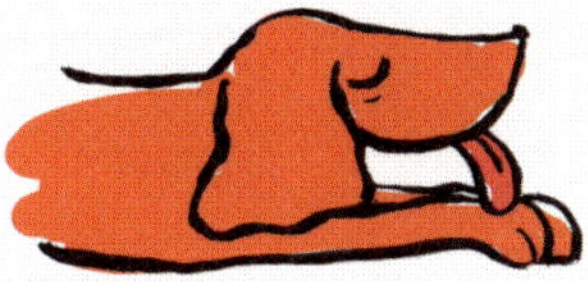

voici
hier ist

Voici Sam, notre chien.
Das ist Sam, unser Hund.

voilà
da ist

Voilà ma petite sœur.
Da ist meine kleine Schwester.

le voilier
das Segelboot

Vois-tu le voilier ?
Siehst du das Segelboot?

voir
sehen

Peux-tu me voir ?
Kannst du mich sehen?

le voisin
der Nachbar

Nos voisins nous font signe de venir.
Unsere Nachbarn winken herüber.

la voiture
das Auto

La voiture rouge est très vieille.
Das rote Auto ist sehr alt.

la voiture des pompiers
das Feuerwehr-auto

La voiture des pompiers arrive au coin de la rue.
Das Feuerwehrauto kommt um die Ecke.

la voix
die Stimme

La voix sort du haut-parleur.
Die Stimme kommt aus dem Lautsprecher.

le volant
der Federball

On joue au volant ?
Wollen wir Federball spielen?

voler
fliegen

En hiver, l'oiseau vole vers le sud.
Der Vogel fliegt im Winter in den Süden.

voler
stehlen

Le voleur vole un sac à main.
Der Dieb stiehlt eine Handtasche.

votre, vos
euer, eure

Avez-vous préparé vos affaires ?
Habt ihr eure Sachen gepackt?

vouloir
wollen

Aujourd'hui, nous voulons faire une randonnée.
Heute wollen wir eine Wanderung machen.

vous
Sie, ihr

Vous faites trop de bruit !
Ihr seid zu laut!

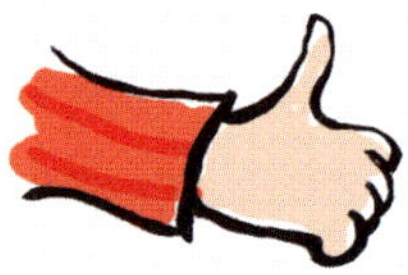

vrai, vraie
richtig

C'est vrai !
Das ist richtig!

le week-end
das Wochenende

Le week-end nous faisons une excursion.
Am Wochenende machen wir einen Ausflug.

le yaourt
der Joghurt

Je préfère les yaourts à la fraise.
Am liebsten mag ich Joghurt mit Erdbeeren.

les yeux (m)
die Augen

Le chat a les yeux verts.
Die Katze hat grüne Augen.

le zèbre
das Zebra

Le zèbre a un pelage à rayures noires et blanches.
Das Zebra hat ein schwarz-weiß gestreiftes Fell.

le zoo
der Zoo

Au zoo, il y a beaucoup d'animaux.
Im Zoo sind viele Tiere.

Écrire une carte postale

Sainte Maxime, le 22 juillet 2014

Chère Lisa,
Comment ça va ? Moi, je vais bien.
Je suis en vacances sur la Côte d'Azur.
Il fait beau temps. Nous sommes toute la journée à la plage. J'apprends à surfer ! C'est super !
Bonnes vacances à toi aussi !
Henri

Wie man eine Postkarte schreibt

Sainte Maxime, 22. Juli 2014

Liebe Lisa,
wie geht es dir? Mir geht's gut. Ich bin gerade in den Ferien an der Côte d'Azur. Das Wetter ist schön. Wir sind jeden Tag am Strand.
Ich lerne Surfen! Das macht super Spaß!
Ich wünsche dir auch schöne Ferien!
Henri

Écrire un e-mail

Salut Henri,
j'espère que tu vas bien.
Aujourd'hui, on n'a pas école.
Je suis toute seule à la maison.
Demain, nous aurons un contrôle.
Je déteste les contrôles !
À bientôt !
Lisa

Wie man eine E-Mail schreibt

Hi Henri!
Ich hoffe, dir geht's gut. Heute ist schulfrei, und ich bin ganz allein zu Hause.
Morgen schreiben wir eine Klassenarbeit. Ich hasse Klassenarbeiten!
Bis bald!
Lisa

S P

la maman
die Mama

le papa
der Papa

la mamie
die Oma

le papi
der Opa

le bébé
das Baby

la famille
die Familie

la tante
die Tante

l'oncle
der Onkel

le copain
der Freund

la copine
die Freundin

le frère
der Bruder

la sœur
die Schwester

le cousin
der Cousin

la cousine
die Cousine

le chien
der Hund

le chat
die Katze

3+

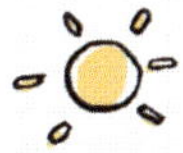

le soleil
die Sonne

le réveil
der Wecker

la sonnerie
die Schulglocke

le cahier
das Schulheft

le livre
das Buch

le déjeuner
das Mittagessen

le CD
die CD

la lune
der Mond

les céréales
das Müsli

le lait
die Milch

dormir
schlafen

se réveiller
aufwachen

Centre
commercial
Gare
HÔPITAL
ÉCOLE
MAIRIE
Café
MUSÉE
CINÉMA
Librairie

Notre ville
Unsere Stadt

l'affiche
das Plakat

la fontaine
der Springbrunnen

la voiture noire
das schwarze Auto

la voiture rouge
das rote Auto

la croix-rouge
das rote Kreuz

le bus
der Bus

le taxi
das Taxi

le café
das Café

les trois étoiles
die drei Sterne

le toboggan
die Rutsche

la vieille dame
die alte Frau

le train
der Zug

le restaurant
das Restaurant

la momie
die Mumie

l'hélicoptère
der Hubschrauber

la boîte aux lettres
der Briefkasten

creuser
graben

porter
tragen

dormir
schlafen

coasser
quacken

tisser
weben

boire
trinken

sauter
springen

voler
fliegen

l'araignée
die Spinne

l'abeille
die Biene

la taupe
der Maulwurf

la grenouille
der Frosch

la fourmi
die Ameise

le chevreuil
das Reh

le canard
die Ente

la chouette
die Eule

les toilettes
die Toilette

le lit d'enfant
das Kinderbett

la cuisinière
der Herd

l'armoire
der Kleiderschrank

le frigo
der Kühlschrank

l'ordinateur
der Computer

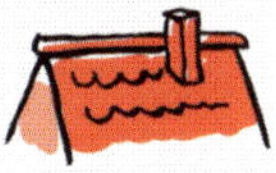

le toit
das Dach

la niche pour chien
die Hundehütte

le bureau
das Arbeitszimmer

la chambre d'enfant
das Kinderzimmer

la chambre à coucher
das Schlafzimmer

le salon
das Wohnzimmer

la cuisine
die Küche

la cave
der Keller

la machine à laver
die Wasch-
maschine

la baignoire
die Badewanne

4
4

la trompette
die Trompete

le piano
das Klavier

le violon
die Geige

la flûte
die Blockflöte

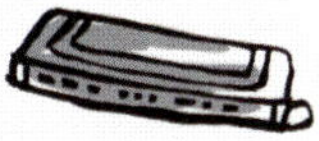

l'harmonica
die Mund-
harmonika

le saxophone
das Saxofon

la guitare électrique
die E-Gitarre

le tambour
die Trommel

le triangle
der Triangel

le tambourin
das Tamburin

EMPLOi DU TEMPS
Heure
Lundi
Mardi
Mercredi
Jeudi
Vendredi
1
Allemand
Activites d'éveil
Maths
Anglais
Arts plastiques
2
Activités d'éveil
Maths
Allemand
Géographie
Sciences Naturelles
3
Arts Plastiques
Sport
Anglais
Musique
Sport
4
Anglais
Allemand
Sport
Maths
Maths
5
Allemand
Pause de midi
Pause de midi
Pause de midi
Pause de midi
Pause de midi
6
Natation
Musique

la carte de géographie
die Landkarte

la guitare
die Gitarre

l'ordinateur
der Computer

la boîte de peinture
der Tuschkasten

la calculatrice
der Taschen-
rechner

le microscope
das Mikroskop

le maillot de bain
die Badehose

le manuel
das Lehrbuch

le ballon
der Ball

le dictionnaire
das Wörterbuch

l'ours en peluche
der Teddybär

le pain
das Brot

les chaussures
die Schuhe

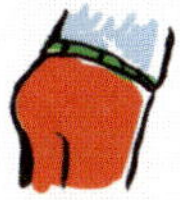

les fesses
der Po

le livre
das Buch

la glace
das Eis

le jeans
die Jeans

la flaque
die Pfütze

le jouet pour chiens
das Hunde-spielzeug

l'animalerie
die Tierhandlung

le magasin de chaussures
das Schuhgeschäft

la librairie
der Buchladen

le magasin de jouets
der Spielzeugladen

la boulangerie
die Bäckerei

le magasin de vêtements
das Modegeschäft

le marchand de glaces
die Eisdiele

NOVEMBRE
DÉCEMBR
OCTOBRE
SEPTEMBRE
AOÛT
JUILLET
JUIN
MAI

les oeufs de Pâques
die Ostereier

le mouton
das Schaf

l'agneau
das Lamm

la planche de surf
das Surfbrett

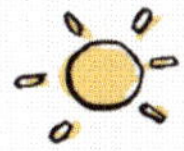

le soleil
die Sonne

la mouette
die Möwe

le tracteur
der Traktor

l'arbre
der Baum

les feuilles
die Blätter

le bonhomme de neige
der Schneemann

la luge
der Schlitten

le sapin de Noël
der Weihnachtsbaum

le cerf-volant
der Drachen

les fleurs
die Blumen

les roses
die Rosen

Halloween
Halloween

le crayon
der Bleistift

les ciseaux
die Schere

la carte de géographie
die Landkarte

le robinet
der Wasserhahn

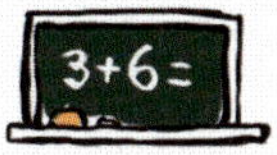

le tableau
die Tafel

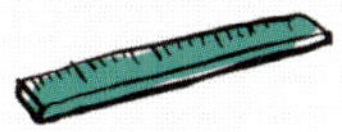

la règle
das Lineal

la fenêtre
das Fenster

l'ordinateur
der Computer

la gomme
der Radiergummi

la professeur
die Lehrerin

la chaise
der Stuhl

le dictionnaire
das Wörterbuch

le doigt
der Finger

la craie
die Kreide

la table
der Tisch

le papillon
der Schmetterling

2,- € kilo
3,- €
3,50€ kilo
pièce 1,50€
2,50€ kilo
pièce 2,50€
4,- € kilo
1,- € kilo
pièce 50 ct
2,- € kilo
2,- € kilo
0,00
0.00
5
5
5

la pomme
der Apfel

l'orange
die Apfelsine

la poire
die Birne

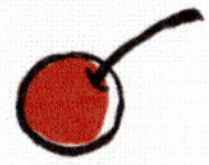

la cerise
die Kirsche

la fraise
die Erdbeere

les raisins
die Weintrauben

la banane
die Banane

le concombre
die Gurke

la pomme de terre
die Kartoffel

le chou-fleur
der Blumenkohl

la carotte
die Karotte

la tomate
die Tomate

le melon
die Melone

le poivron
die Paprika

Le sport, c'est amusant !
Sport macht Spaß!

la crosse de hockey
der Hockeyschläger

les gants
die Handschuhe

la barre fixe
das Reck

le football
der Fußball

le skateboard
das Skateboard

la raquette de tennis
der Tennisschläger

le volant
der Federball

le ballon de basket
der Basketball

le cheval
das Pferd

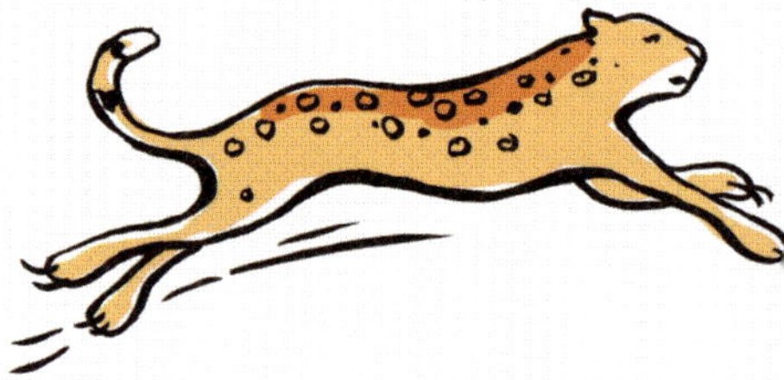

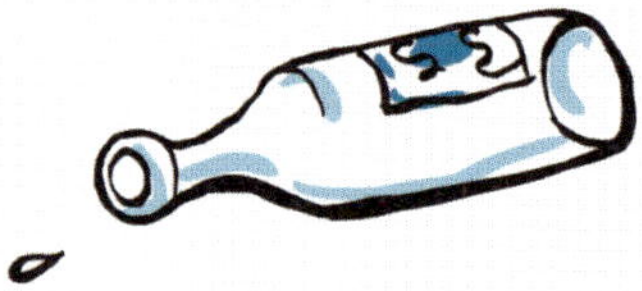

3€

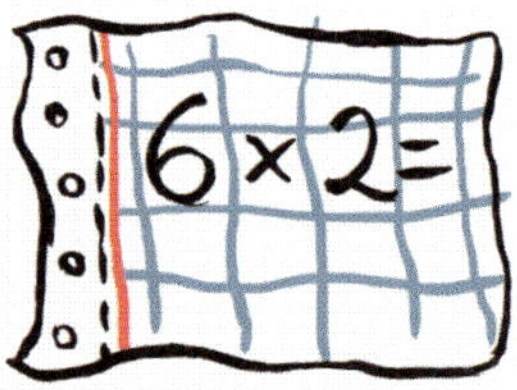
6x2=

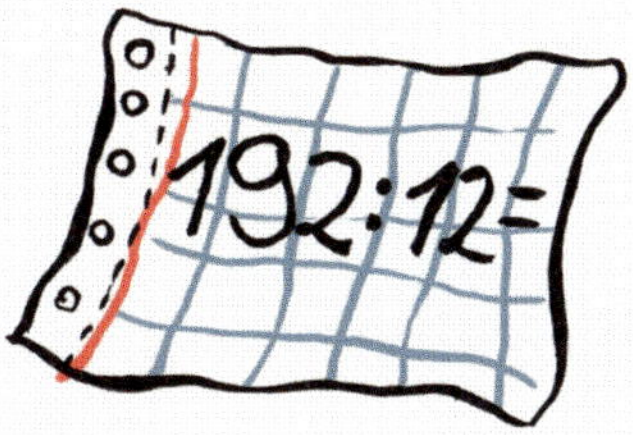

grand
groß

petit
klein

gros
dick

mince
dünn

rapide
schnell

lent
langsam

chaud
heiß

froid
kalt

plein
voll

vide
leer

neuf
neu

vieux
alt

dur
hart

mou
weich

bon marché
billig

cher
teuer

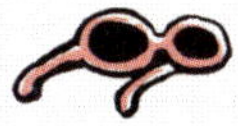

les lunettes de soleil
die Sonnenbrille

la planche de surf
das Surfbrett

les écouteurs
die Kopfhörer

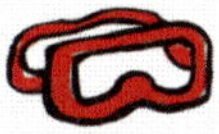

les lunettes de plongée
die Taucherbrille

apprendre à nager
schwimmen lernen

plonger
tauchen

observer
beobachten

sauter
springen

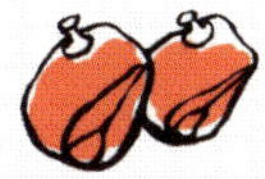

les brassards
die Schwimmflügel

le coquillage
die Muschel

le magazine
die Zeitschrift

l'appareil photo
der Fotoapparat

marcher à quatre pattes
krabbeln

lire
lesen

prendre des photos
fotografieren

faire du surf
surfen

le visage
das Gesicht

les cheveux
die Haare

le dos
der Rücken

la jambe
das Bein

le genou
das Knie

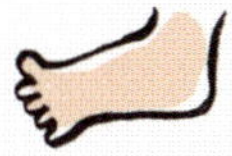

le pied
der Fuß

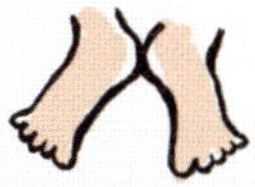

les pieds
die Füße

le bras
der Arm

la main
die Hand

l'oeil
das Auge

le nez
die Nase

la bouche
der Mund

les lèvres
die Lippen

l'oreille
das Ohr

Parfumerie

le landau
der Kinderwagen

la policière
die Polizistin

la voiture de police
das Polizeiauto

la cycliste
die Fahrrad-fahrerin

le porte-monnaie
der Geldbeutel

le sac à main
die Handtasche

le voleur
der Dieb

le feu
die Ampel

le trottoir
der Bürgersteig

le passage piéton
der Zebrastreifen

le camion
der Lastwagen

le taxi
das Taxi

le vélo
das Fahrrad

la moto
das Motorrad

Pôle Nord
Amérique de Nord
Europe
Afrique
Amérique du Sud
Pôle Sud

l'ours polaire
der Eisbär

le crocodile
das Krokodil

le zèbre
das Zebra

le panda
der Pandabär

le lion
der Löwe

le kangourou
das Känguru

le buffle
der Büffel

le singe
der Affe

le chameau
das Kamel

le requin
der Hai

l'hippopotame
das Flusspferd

l'éléphant
der Elefant

le perroquet
der Papagei

le pingouin
der Pinguin

le lama
das Lama

la tortue
die Schildkröte

aller au cinéma
ins Kino gehen

faire du roller
inlineskaten

nager
schwimmen

jouer au foot
Fußball spielen

jouer aux cartes
Karten spielen

faire du camping
zelten

chuchoter
tuscheln

jouer au basket
Basketball spielen

jouer à l'ordinateur
Computer spielen

Un pique-nique au parc
Picknick im Park

le poulet
das Hühnchen

le flan au chocolat
der Schokoladen-
pudding

la saucisse
das Würstchen

le steak
das Steak

la baguette
das Baguette

la fraise
die Erdbeere

la crème Chantilly
die Schlagsahne

le yaourt
der Joghurt

le fromage
der Käse

la tartine
das belegte Brot

le jus de pomme
der Apfelsaft

le jus d'orange
der Orangensaft

le melon
die Melone

le gâteau
der Kuchen

Register

A

B

Register

G

H

Register

T

U

V

W

Register

IMPRESSUM

Konzept Gila Hoppenstedt

Text Gila Hoppenstedt

Übersetzung Annick Take, Elise Rémond-de Graag

Spiele Gila Hoppenstedt und Langenscheidt Redaktion

Illustrationen Ina Worms

Sprachaufnahmen
dbmedia.de, Neuwied
Sprecher Julie Bataille (Französisch), Erwin Lindemann (Deutsch)

Programmierung der Spiele
Himmer AG, Augsburg

Umschlag
Arndt Knieper unter Verwendung einer Illustration von Ina Worms

Projektmanagement
Werkstatt München GbR und Langenscheidt Redaktion

Satz und Repro
Franzis Print & Media, München

Druck
C.H.Beck, Nördlingen

ISBN 978-3-468-20612-2

www.langenscheidt.de/kids

14010